하나님의 **딴** 생각

오직 은혜로 걸어온 한 걸음 한 걸음

최정원 목사의 칼럼집

도서출판 미션21

하나님의 딴 생각

초판인쇄 2023년 1월 30일
펴낸곳 도서출판 미션21 _ 펴낸이 박현주 _ 지은이 최정원
주소 광주광역시 서구 월산로 169번길 3_ TEL (062)367-9109

머리말

"오직 은혜였습니다…"

어릴 때부터 교회를 다녔다. 다닌 이유는 우리 동네에 교회가 있었고 그냥 다녔다. 친구가 좋았고 교회에서 나누어 주는 노트와 알사탕이 좋았다. 성탄절에 성극은 그렇게 재미있을 수가 없었다. 여름성경학교를 시작하면 동네에 북을 치고 돌아다녔고 고등학교 때는 부흥회 때 북을 쳤다. 성탄 절 전날 새벽송 돌 때는 받은 과자를 친구와 눈 속에 숨겼다가 다음날 찾아서 학생회 모임 때 나누어서 먹는 행동을 죄인 줄 모르고 즐겁게 했다. 뭘 알아서, 뭘 깨닫고 교회 다닌 것이 아니었다는 말이다. 그런데 고등학교를 졸업하고 덜컥 신학교에 입학 했다. 나중에 기억한 이야기이지만 고등학교 때 부모도 다니지 않는 교회를 열심히 하는 걸 본 목사님이 "정원이 신학교 한번 가볼래" 하던 말이 불씨가 된 것은 아닌가하는 생각을 했다.

그 흔한 집사 한 명이 없는 집안에서 예수를 믿고 얼떨결에 신학교에 입학을 하자 들어가던 날부터 '전도사님'으로 불러주더니 진짜 전도사가 되었다. 그리고 그 수많은 날들을 넘고 넘어 목사가 되고 오늘까지 왔다. 기도해 주시고, 섬겨주시고, 자리를 마련해주시고, 자신의 옷을 벗어 자리를 깔아주시고, 칭찬해주시고, 격려해

주시고…. 은혜 아니면 설명할 수 없고 표현할 수 없는 수많은 조각들이 세월이 되어 오늘이 되었다.

딱히 사람 만나는 것도 좋아하지 않는 나는 어느새 책이 친구가 되었다. 그래서 그냥 책을 읽었다. 그래서 책은 그냥 나의 친구이고 길라잡이가 되었다. 서울여대 장경철 교수가 쓴 "금방 까먹을 것은 읽지도 마라."는 책 제목을 항상 머리에 두고 책을 읽었다. 그렇게 읽은 책을 조금이라도 정리하고 싶은 차에 미션21 장로님이 신문에 글을 부탁했다. 그 자리에서 허락하면서 "장로님 제가 기다리고 기다렸습니다."라는 철없는 소리를 했다. 그렇게 4년의 시간이 지나면서 겪은 이야기, 들은 이야기, 읽은 이야기를 정리했다. 그것이 바로 이것이다.

신문에 칼럼이 나가면 사진을 찍어 보내주면서 잘 읽고 있다고 격려해주신 분들, 전화나 SNS를 통해서 힘주셨던 많은 분들은 나의 '귀명창' 같은 분들 임에 분명하다. 생각이 문자가 되고 다시 책이 되기까지 기도해 주시고 격려해주신 광주소망의 사랑하는 우리 장로님들과 우리 교역자들 그리고 우리 성도님들, 그리고 글을 쓸 수 있는 기회를 주시고 빛을 볼 수 있도록 출간해주신 미션21 출판사 대표이신 박현주 장로님께 감사드린다. 또한 위대한 전도자 '찰스 피니'의 곁을 지킨 중보 기도자 '다니엘 내쉬' 같은 사랑하는 아내에게도 사랑의 향기를 담아 감사를 전한다.

하나님을 기쁘시게! 사람을 행복하게!

2023년 1월

내 영혼의 쉼터 목양실에서 최정원목사

CONTENTS

CONTENTS

CONTENTS

어린 아이와도 다투지 마세요

교회를 섬기면서 가슴에 담고 있는 교훈 같은 문장이 있다.

"어린 아이와도 다투지 마세요."

서른 아홉의 6월, 곡성 옥과교회 담임목사로 부임 했다.

열정은 차고 넘쳤지만 실수투성이의 하루 하루를 걷고 있던 어느 주일 저녁 남선교회 헌신예배를 맞이해서 평소 알고 지내던 선배 목사님을 강사로 초청했다.

저녁식사를 하면서 "목사님! 선배목사님으로서 후배에게 가르쳐 주고 싶은 교훈이 있으면 말씀해 주세요"라고 여쭈었다.

그때 목사님께서 하신 말씀은 "어린아이와도 다투지 마세요."였다.

세상에, 사모님과 다투지 마세요, 장로님들과 다투지 마세요 이런 소리는 들어봤어도 어린아이와도 다투지 말라니. 교회는 수십 수백 수천의 사람들이 남녀노소 떼를 지어 다니는 곳이 아니던가.

억울한 감정을 풀겠다고 달려드는 사람, 이것이 아니면 교회를 옮기겠다며 협박하며 고집부리는 사람. 세상의 성씨보다도 더 많은 성격을 가진 공동체가 바로 교회인데 어찌 어린아이와도 다투지 말라고 하시는가?

그 후에도 나의 목회는 좌충우돌의 시간들이 참 많았다. 그런데 어느 날 나도 모르게 그 선배목사님의 가르침이 내 가슴에 자리 잡고 있는 것을 깨달았다.

우리가 살고 있는 교회와 세상은 왜 이리도 화목하기가 힘든 것일까? 암에 걸려서 삶이 얼마 남지 않음을 인지한 어느 목사님은 목회하면서 마음에 생채기가 남아 있는 성도들을 찾아다니며 또는 병원으로 초청을 해서 마음의 무거운 빚을 갚았다는 이야기를 들으면서 우리가 살날이 아직도 많이 남아 있다는 교만한 생각이 우리의 화해와 용서를 가로막고 있는 가장 큰 장애물은 아닌지 생각해 본다.

"교회의 부흥은 싸우지만 않으면 됩니다."라고 말씀하신 한경직 목사님의 말씀을 기억하며 박영희 시인의 "접기로 한다."를 소개하며 첫 글을 마감한다.

접기로 한다 / 박영희

요즘 아내가 하는 걸 보면
섭섭하기도 하고 괘씸하기도 하지만
접기로 한다.
지폐도 반으로 접어야
호주머니에 넣기 편하고
다 쓴 편지도
접어야 봉투 속에 들어가 전해지듯
두 눈 딱 감기로 한다.

하찮은 종이 한 장일지라도

접어야 냇물에 띄울 수 있고
두 번을 접고 또 두 번을 더 접어야
종이비행기는 날지 않던가.
살다보면
이슬비도 장대비도 한순간,
햇살에 배겨나지 못하는
우산 접듯 반만 접기로 한다.
반에 반만 접어보기로 한다.
나는 새도 날개를 접어야
둥지에 들지 않던가.

"모든 것이 하나님께로서 났으며 그가 그리스도로 말미암아 우리를 자기와 화목하게 하시고 또 우리에게 화목하게 하는 직분을 주셨으니." (고후 5:18)

침을 뱉으라

미국 켄터키 주 루이빌에 있는 사우스이스트 크리스천 교회 (Southeast Christian Church)의 교육목사인 카일 아이들먼 (Kyle Idleman)이 쓴 "나의 끝 예수의 시작"에 나오는 이야기이다.

"만약을 대비해서 눈사태를 당할 경우 중요한 생존 전략 하나를 소개해 주겠다. 첫째, 침을 뱉으라. 둘째, 파라. 눈사태에 갇힌 사람들이 저지르는 가장 큰 실수 중 하나는 수 톤의 눈에 뒤덮이자마자 맹목적으로 눈을 파는 것이다. '하는 것' 자체는 잘하는 일이다. 문제는 '맹목적'으로 눈을 파는 것이다. 엉뚱한 방향으로 파서 눈 속에 더 깊이 파묻히기가 너무나도 쉽다.

'파플러 사이언스' 지의 기사에 의하면 눈에 갇힌 사람들을 구조하는 구조팀이 시체를 발견하고 보니 희생자는 무작정 눈을 파다가 오히려 10미터나 '더 깊이' 파고들어 간 상태였다. 그는 남은 힘을 오히려 목표에서 더 멀어지는 데 전부를 소진한 것이다. 먼저 침을 뱉었으면 좋았을 것을!!

눈에 뒤덮이면 어디가 어느 방향인지 파악하는 게 거의 불가능하다. 하지만 중력은 여전하다. 따라서 얼굴에 묻은 눈을 털어내고 침을 뱉으라. 뱉은 침이 곧장 아래로 떨어지면 마주보는 방향이 아래쪽이니 몸을 돌려서 파기 시작해야 한다. 침이 왼쪽이나 오른 쪽으로 떨어지면 옆으로 누워있는 것이다. 아마도 이때가 자기 얼굴에 침을 뱉고 싶은 유일한 때일 것이다. 뱉은 침이 얼굴에 떨어지면 몸을 돌릴 필요도 없이 그대로 파고 나가면 되니까 말이다. 침을 뱉으면 어디가 위고 어디가 아래인지 판단할 수 있다.”

우리는 날마다 크고 작은 눈사태를 만난다. 나는 지금 어떤 눈사태를 만났는가? 그리고 지금 무엇을 하고 있는가? 혹시 침을 뱉어야하는 순간에 어찌됐든 살겠다는 의지와 살아야 한다는 이유를 외치며 내 노력과 성실함을 무기삼아 무작정 눈을 파고 있지는 않은가?

우리가 늘 주고받는 말 중에 ‘속도보다 더 중요한 것은 방향이다.’는 말이 있다. 열심히 그리고 성실하게 그 자리를 지키며 일하는 것보다 방향이 올바른지를 파악하는 것이 가장 중요함을 상기시키는 말이다. 우리는 세상 속에서 살아가는 그리스도인들이다. 그러다보니 세상의 기준이나 가치관에 동화되어 세상의 최고를 얻기 위해서 하나님 나라의 진리를 가볍게 내 던지는 경우가 많다.

우리는 기억해야 한다. 세상에서 최고를 달리던 부자를 예수님은 “어리석은 자여”라고 불렀다는 것을. 두 렙돈을 손에 쥐고 가슴 아픈 마음으로 헌금한 과부를 향하여 가장 많은 헌금을 했다고 하신 예수님의 기준을 기억하며 살아야 한다.

예수 믿는 우리들이 눈사태를 만났을 때 가장 중요한 침을 뱉어야 하는 행동은 무엇인가? 그렇다. 우리는 예수님을 향하여 얼굴을 돌리는 것이다. 어려울 때 교회를 끊고 헌금을 끊고 예배를 끊는 것이 아니라 바로 그 순간에 모든 문제의 해결자이시며 모든 문제 속에서 우리를 이끄시는 바로 그분의 얼굴을 바라보고 그 분의 손에 바로 그 문제를 올려놓아야 한다.

예수님은 위아래의 방향을 상실한 시대에 나침판으로 이 세상에 오셨다. 길이요 진리요 생명으로 오신 그분을 내 영혼의 나침판으로 삼고 살면 어떤 눈사태 앞에서도 넉넉히 이길 수 있을 것이다.

요즘 "교회 오빠 이관희"라는 영화와 책으로 잘 알려진 이관희 집사는 어느 날 찾아온 대장암 4기의 눈사태 앞에서 이렇게 고백한다. "하나님은 눈부신 삶을 사는 사람을 증거로 삼기도 하지만, 고통 속에서 주님을 놓지 않으려는 사람도 증거로 삼으신다."

침을 뱉으라. 잊지 말아야 할 귀한 가르침이다.

"너희는 먼저 그의 나라와 그의 의를 구하라 그리하면 이 모든 것을 너희에게 더하시리라." (마 6:33)
"누가 우리를 그리스도의 사랑에서 끊으리요." (롬 8:35)

싸가지에서 퍼스트레이디로

신문기자이며 꿈을 전하는 '감사의 퍼스트레이디' 유지미씨가 쓴 "100가지 감사로 행복해진 지미 이야기"라는 책이 있다. 저자는 어느 날 어머니의 휴대폰 속 자기 이름이 '싸가지' 로 저장된 것을 발견한다. 직장에서는 '날라리' 로 불렸다. 대학을 졸업하고 경리로 취직 했는데 일하기가 너무 싫어서 시간만 나면 은행 간다, 우체국 간다는 핑계로 자리를 비우고 돌아다녔다. 동료들은 그런 저자를 '은행녀', '우체국녀' 로 부르는 날라리였다.

2010년 11월 어느 날, 감사 주제로 특강을 하신 안남웅 목사님을 만났다. "감사는 쥐어짜는 것입니다. 하루에 100개의 감사거리를 생각날 때까지 억지로 쥐어짜고 짜다보면 감사가 체질화되고 감사로 자신의 삶이 변했을 때 감사가 감사인 것입니다. 우리 모두의 가슴에 횃불이 있는데 항아리가 횃불을 가두고 있습니다. 감사를 하면 그 항아리가 깨지고 자신 안에 엄청난 빛이 발하게 됩니다." 안남웅 목사님의 말을 가슴에 받은 저자는 2010년 11월 5일부터 100일 동안 하루 100감사에 도전했다.

하루 100개의 감사를 기억하고 기록한다는 것은 결코 쉬운 것이 아니었다. 치열한 자기와의 싸움을 거쳐서 드디어 저자는 작은 것에도 감사가 저절로 나오는 감사의 사람이 되었다.

어느 날 엄마에게 전화를 걸어 엄마에 대한 100가지 감사 거리를 찾아 썼다고 하자 엄마는 깜짝 놀라며 '나한테 고마운 게 그렇게 많니?' 라고 하셨다. 그리고 엄마의 휴대폰 속 저자 이름은 '퍼스트레이디'로 바뀌었다는 것이다. 그래서 저자는 이 책의 부제목을 '싸가지에서 퍼스트레이디'로 정한 것이다.

나는 11월이 좋다. 이유는 단 하나, 감사절이 있기 때문이다.

감사절은 배은망덕하게도 잊어서는 안 되는 것을 잊고 사는 우리들에게 하나님은 시간과 기회를 주시면서 다시 기억하라고, 잃었던 것을 다시 회복하라고 주신 절기이다. 사람은 배워야 아는 존재이다.

아니 배워도 알지 못하는 존재가 바로 사람이다. 그런데 배우지 않아도 스스로 알아서 척척 잘하는 것이 있다. 그것은 바로 죄 짓는 것이다. 어쩌면 그렇게 죄짓는 것은 배우지 않아도, 특별히 가르쳐 주는 사람이 없는데도 우등생일까? 그러기에 우리는 오늘도 내일도 배우고 또 배워서 정성을 다해 가꾸어야 하는 것이 바로 감사이다.

카네기는 이런 말을 했다. "배은망덕은 들풀과 같아서 가만히 두어도 자라나지만 감사는 장미와 같아서 계속 길러야 자라난다"고. 감사는 어디에서 출발할까. 바로 신뢰에서 시작한다. 현재의 상황을 허락하신 그 분이 나머지 상황도 하나님의 뜻 가운데로 인도하실 것을 신뢰하는 그 믿음에서 감사는 출발한다. 바울이 그런 사람이었다.

빌립보서는 감옥에서 쓴 성경임에도 불구하고 곳곳에서 기뻐하고 기뻐하라고 외치고 있다. 또 손양원 목사님의 감사는 어떤가. 1948년 10월 19일 여수 순천 반란사건 때 동인 동신 두 아들이 공산반군에 의해서 순교를 당했다. 아들의 장례식을 마치고 맞이한 첫 주일에 목사님은 감사헌금을 드린다. 감사헌금 봉투에 이렇게 썼다. "두 아들 순교 감사하며 1만원, 손양원." 그 당시 손양원 목사님의 월급이 80원 정도였는데 1만원이면 10년치 월급에 해당하는 금액이다.

부모가 자식을 앞세우면 아프다. 슬프다. 괴롭다. 그 마음을 누가 무엇으로 다 표현할 수 있으랴. 손양원 목사님은 그 아픔과 슬픔과 괴로운 마음을 감사헌금으로 그리고 10가지 감사로 표현했다. 어떻게 이것이 가능할까? 그렇다. 여기까지 인도하신 하나님이 그 다음도 분명하게 인도해주실 것을 믿는 신뢰, 바로 그것이다.

"나는 여호와로 말미암아 즐거워하며 나의 구원의 하나님으로 말미암아 기뻐하리로다." (합 3:18)

최저워이 똑바로 못해!!!

오늘 아침 큐티를 하면서 생각나는 일이 있어 군대이야기를 하려고 한다.

나는 군대생활을 강원도 화천에서 했다. 논산에서 훈련받고 기차를 탔는데 아무리 가도 내리라는 명령이 없더니 마지막 종착역인 춘천에서 내렸다. 그리고 10월 말, 27사단에 배치를 받았다. 가장 먼저 닥친 어려움은 주일에 교회를 가는 것. 나는 신학교 2학년 1학기를 마치고 갔는데 훈련소에서부터 주일에 교회가기만 하면 눈물이 앞을 가려 찬송을 부를 수 없는 지경이 되었다.

자대배치를 받자 소대 선임은 교회를 갈 수 없지만 신학교를 다니다 왔으니 정 가려면 내무반에서 예배를 드리라는 말도 안 되는 명령을 했다. 선임중의 한 사람은 나도 사회에 있을 때는 교회에서 청년회장까지 했는데 교회를 가지 못한다며 포기하는 것이 살길이라고 친절하게 귀띔도 해줬다.

그런데 이때 구세주 같은 사람이 나타났다. 나는 1소대였는데 행정반에 있는 병장이 토요일 아침 우리 내무반에 와서는 "최이병, 내일 교회가야지. 내일 나와 함께 교회가자." "네 알겠습니다."

정말 구세주였다. 그리고 나는 그분을 따라 이기자 부대 교회에 가서 눈물 콧물을 바가지로 흘리며 예배를 드렸다. 다녀오면 선임은 이 자식이 겁세포를 상실했다며 정강이를 걷어찼지만 정말 하나도 아프지 않았다.

이제부터가 내가 하려는 이야기의 본론이다. 나는 주일이면 교회를 데리고 가는 그 병장이 너무 좋았다.

작은키에 시커먼 뿔테 안경을 쓴 그분이 있는 곳이면 참 좋았다.

그 분은 행정반에 있었기에 행정실에 갈 때도 그 분이 있으면 그 따뜻함이 강원도 화천의 추운 겨울이 눈 녹듯 녹았다.

어느 날 행정실에 일이 있어 들어갔는데 그 구세주 같은 병장님이 나에게 불같이 화를 내면서 큰소리를 쳤다. "최저워이(경상도 발음이다) 똑바로 못해!!!"

그제야 나는 무슨 잘못을 했는지 정신이 들었다. 나는 그분이 너무 좋아서, 그분이 혼자 행정실에 있을 때는 인사를 생략하고 들어갔던 것이다. "이병 최정원 행정실에 용무 있어 왔습니다." 이거 말이다.

그 후로도 그 분은 저에게 따뜻한 호의를 베풀었으며 저 역시 분명하고 정확하게 "이병 최정원 행정실에 용무 있어 왔습니다"를 더 크게 외쳤다. 지금은 이름도 성도 생각나지 않지만 참 고마우신 분이다.

레위기 10장에서 나답과 아비후가 '다른 불'을 여호와 앞에 드리다가 즉사한 사건인데 3절에 "…나는 나를 가까이 하는 자 중에서 내 거룩함을 나타내겠고…"

하나님을 늘 가까이하는 제사장에게 필수적인 것이 하나님을 향한 거룩함이다. 오늘도 나를 가까이해주는 분들, 나와 늘 가까이하고 있는 분들에 대한 예의와 절차를 분명히 함이 거룩이리라. 아멘.

어서 오시옵소서

우리교회는 두 달에 한 권씩 책을 추천하여 교인들과 함께 읽는다. 이번 달 추천도서는 "교회 오빠 이관희"다. 이미 영화와 책을 통해서 이관희 집사의 삶과 죽음 그리고 그가 남긴 욥과 같은 삶은 잘 알려졌다. 이 책은 의사이자 성산생명윤리연구소 소장인 이명진씨의 말처럼 말기암과 죽음이라는 상황 속에서 신앙인으로 어떻게 해야 할지 방향을 제시해주고 있는 책이다. 또한 말기 암에 걸렸을 때 주변 사람들이 하나님께 꼭 살려주실 것을 믿고 기도하라고 강요하지 않고 오히려 남은 시간을 잘 정리 할 수 있도록 도와주고 있는 책이라고 평한 것에 전적으로 동의한다. 나도 이 책을 읽고 "주님 저도 이렇게 살다가 이렇게 죽고 싶습니다"하고 기도할 정도로 감동적이었다. 비록 40세의 나이에 세상을 떠났지만 예수 믿는 사람들이 시간의 길이를 떠나서 어떻게 삶을 정리해야 하는 지를 자신의 삶을 통해서 실제적으로 보여준 책이라고 생각된다.

이 책에는 목사로서 고민했던 문제를 다시 생각하게 하는 이야기가 있다. 암 투병 중에 위로 차 방문한 목사님과 대화하는 내용이다. 성도가 아프면 목사님들은 병원을 찾아간다. 그리고 기도하고 또 기도한다. 치료해달라고, 살려 달라고, 다시 한 번 기회를 주시라고. 이 고난을 통해서 귀로만 듣던 하나님을 눈으로 볼 수 있는 기회가 되게 해달라고. 이렇게 기도하지 않는 목사가 어디 있을까.

죽고 사는 위험한 시간을 보내고 있는 이관희 집사를 찾아간 목사는 이런 질문을 한다. 목사님들이 환우를 찾아와서 무조건 나을 거라고 기복적인 기도만 해주는데 그런 목사님들에게 감히 한 말씀을 드린다면… 나는 이 질문 자체를 수정하고 싶다. 환우를 찾아간 목사님의 기도는 기복적인 기도를 넘어 나아야 한다고, 낫게 해달라는 사랑의 기도임이 틀림없기 때문이다. 어찌 되었든 이 질문에 이관희 집사는 이렇게 답을 한다. 많은 목사님들이 오셔서 당신의 질병은 하나님의 계획 중에 있으니 하나님이 고쳐주실 것이고 승리하실 것입니다는 그런 기도에 아멘 아멘을 하고 꼭 그렇게 되길 기도합니다.

그러나 정말 뜨거운 눈물을 흘리게 하는 기도는 저로 하여금 십자가의 능력, 다시 한 번 복음을 상기시켜주는 그런 기도, 십자가 앞에서 내가 얼마나 죄인 된 사람인지를 깨닫게 해주시고 또 십자가의 능력으로 내가 죄 사함을 받고 하나님의 자녀가 되었다는 그 감격을 일깨워주는 그런 기도라고.

그리고 이런 상황 속에서 오직 하나님만 바라보고 하나님에 대한 신뢰를 절대 거두지 말라는 그런 권면의 기도를 들었을 때 오히려 마음이 뜨거워지고 눈물이 많이 난다고….

경험으로 보면 목사가 환자를 찾아가서 특히 살날이 얼만 남지 않은 환자를 찾아가서 "이제 정리하시고 죽음을 준비하세요." 라고 말하기는 너무 어렵다. 살날이 얼마 남지 않은 것을 모두가 다 알지만 "하나님이 고쳐주실 것입니다. 생명의 끈을 놓지 말고 힘내세요."라고 말한다. 나도 그랬다.

몇 년 전, 암으로 고생하는 어느 여자 성도님이 있었다. 전신에 암이 퍼져서 사실은 살 가능성이 없는 말기 암 환자였다. 서너 번 병원을 찾아가서 위로와 격려를 했다. 그리고 토요일 아침에 위중하는 소식을 듣고 병원에 가서 기도를 마친 나에게 그 환자는 이렇게 말한다. "목사님 저 치료받으면 중매해주세요." 참 많은 생각을 하게 했다. 예수를 잘 믿는 저분은 신랑 되실 예수님을 만날 사모함이 넘쳐서 저런 말을 할까? 아니면 내가 염려하는 것처럼 자신이 이 세상에서의 생명이 얼마 남지 않은 것을 알지 못하고 저런 말을 하는 걸가? 치료받으면 중매해달라고 했던 그 분은 그날 오후에 세상을 떠났다. 그날 이후 임종을 앞둔 환우들에게 천국의 소망에 대해서 더 강하게 말은 하지만 삶이 얼마 남지 않았으니 죽음을 준비하라고는 말하지 못하고 있다. 우리는 반드시 이 세상을 떠나게 되어 있고 우리 예수님도 반드시 재림하신다. 아기예수의 탄생과 다시 오실 예수님의 재림을 기다리는 대림절에 다시 한 번 외치며 기다려 본다.

"아멘 주 예수여 어서 오시옵소서." (계 22:20)

세 가지를 확인하고 시작합시다

한해가 저물어 간다며 서운해 하더니 새해가 왔다고 기뻐 춤추는 동물은 오직 사람뿐이니 이 얼마나 아름다운 모습인가! 드디어 2020년 새해가 시작되었다. 그러나 단순히 시간의 흐름에 따라서 맞이한 새해가 아니라 새로운 다짐과 결심으로 시작된 새해가 되려면 적어도 세 가지는 확인하고 시작하자.

먼저, 회개 했는가? 미국의 작가 마크 트웨인(Mark Twain)은 "회개가 신발을 신는 동안 죄는 세계를 한 바퀴 돈다."고 했다. 우리가 회개를 미루는 사이 죄는 내 인생을 지배하고 만다는 것이다. 다른 사람 앞에서 당신이 얼마나 큰 죄인인지를 말하면 인간관계에 큰일이 일어난다. 그러나 성경은 내가 얼마나 큰 죄인인지를 가감 없이 말한다. 우리의 죄 된 모습을 드러내는 적나라한 성경은 욥기에 있다.

"죄 짓기를 물 마심 같이 하는 가증하고 부패한 사람."(욥 15:16) "악을 달게 여겨 혀 밑에 감추고 아껴서 버리지 아니하고 입천장에 물고 있다."(욥 20:12~13). 껌이 귀했던 어린 시절, 어쩌다 껌 하나를 얻어 씹다가 단물이 다 빠져도 버리지 못하고 벽에 붙여 놓으면 형이 떼어서 씹고 또 내가 떼어서 씹었던 기억이 선명한데 우리가 그렇게 죄를 아까워서 버리지 못하는 죄 된 존재이기에 확실히 그리고 분명히 회개하고 새해를 맞이해야 한다.

두 번째는 용서했는가? 지난 연말에 들려온 반가운 소식은 서울 사랑의교회가 7년의 다툼과 분열과 소송과 분쟁을 끝내고 화해하기로 했다는 것이다. 속사정이야 어찌되었든 사랑의 공동체에서 한 피 받아 한 몸 이룬 형제 자매들이 원수처럼 싸우다가 화목을 하게 되었다니 이 얼마나 가뭄에 단비 같은 소식인가.

살면서 사람을 용서하기 가장 힘든 이유 중의 하나는 저 사람이 변하지 않는다는 데 있다. 나는 회복을 위해 무언가를 하고 있는데 저 사람은 여전히 용서받지 못할 행동을 계속하고 있다고 생각하기에 우리는 용서가 어렵다. 그러나 용서는 상대방이 변했기 때문에 하는 것이 아니라 내가 용서받을 수 없는 죄를 용서받았다는 분명한 은혜의 깨달음에서 시작되는 것이다. 그래서 용서는 자기 자신에게 주는 선물이다.

> 시인 정호승의 시 중에 "내 가슴에" 라는 시를 소개하면
> 내 가슴에 손가락질하고 가는 사람이 있었다.
> 내 가슴에 못질하고 가는 사람이 있었다.
> 내 가슴에 비를 뿌리고 가는 사람이 있었다.
> 한평생 그들을 미워하며 사는 일이 괴로웠으나
> 이제는 내 가슴에 똥을 누고 가는 저 새들이
> 그 얼마나 아름다우냐.

세 번째는 확실히 믿는가? 의심하는 사람의 대명사가 된 예수님의 제자 도마가 예수님의 손의 못자국과 옆구리의 창 자국을 확인하고 하는 고백은 "나의 주님이시오 나의 하나님이시니이다."(요 20:28) 이런 분명한 신앙고백이 있어야 형통이 축복의 통로가 되고 고난이 간증이 되는 향기로운 열매를 맺을 수 있다.

스위스의 신학자였던 칼 바르트가 미국을 방문하던 날, 수많은 기자들이 그를 인터뷰하기 위해서 기다렸다. 그리고 칼 바르트에게 이런 질문을 던졌다. "당신이 평생 동안 신학을 연구하고 세계적인 신학자가 되면서 당신이 발견한 가장 위대한 신학은 무엇인지요?"

이 때 바르트는 뜻밖의 너무나도 단순한 말을 해서 기자들을 놀라게 했다.

"하나님은 나를 사랑하셨습니다. 그리고 성경에 그것이 기록되어 있다는 사실이 내가 발견한 가장 놀라운 사실입니다." 그리고는 찬송가 563장 "날 사랑하심, 날 사랑하심, 날 사랑하심 성경에 쓰였네."를 나직이 읊조렸다.

새해에도 이 세 가지를 순간마다 확인하며 멋진 한해를 만들어 보자.

"하나님이 세상을 이처럼 사랑하사 독생자를 주셨으니 이는 그를 믿는 자마다 멸망하지 않고 영생을 얻게 하려 하심이라." (요 3:16)

천원부터 평생감사

언제인지, 어디서인지는 잘 기억나지 않지만 장경동 목사님을 통해서 배운 것이 하나 있다. 바로 감사이다. 장경동 목사님은 어떤 계기를 통해서 매주 감사헌금을 시작했으며 지금까지 매주 마다 감사헌금을 드리고 있다는 것이었다. 그 순간 나도 심어보고 싶다는 생각에 지금까지 매주일 마다 하던 것이 습관이 되어 예배시간마다 감사헌금을 드리고 있다. 그런데 너무나 좋았다. 그래서 우리 교인들과 함께 하자고 권하면서 평생 감사구호를 만들었다.

평생감사구호!! 할렐루야!! 감사! 감사! 감사! 1) 매주 2) 천원 3) 세 가지 4) 이름 5) 액수 할렐루야 아멘~~

설명 하자면 1) 매주는 매주일 마다 감사헌금을 하자는 것이다. 2) 천원은 천원부터 시작하자는 것이다. 천원만 하는 것이 아니라 천원부터 하는 것이다. 에이 무슨 천원을 감사 헌금하느냐고 할지 모르지만 아니다. 천원은 적은 돈이 아니다. 그리고 천원은 누구든지 쉽게 한번 해볼까 하는 마음을 가지기 때문에 좋은 동기가 될 수 있다. 3) 세 가지는 헌금봉투에 세 가지 이상의 기도제목을 쓰는 것이다. 천원을 헌금하면서 하나님 앞에 죄송하게도 무슨 기도제목을 세 가지나 쓰는가라고 할 수 있을지 모르지만 아니다. 자신 있고 담대하게 감사헌금 봉투에 늘 기도하고 사모하는 세 가지 이상의 기도제목을 쓰다보면 어느 날 간절한 그 꿈이 이루어지는 은혜를 선물로 받게 된다. 4) 이름은 자신의 이름을 분명하게 쓰는 것이다. 우리가 헌금을 무명으로 할 때는 많은 경우가 있겠지만 자신의 분수에 너무 많이 한다고 생각하거나 너무 적어 부끄럽다고 여길 때 무명으로 하기도 한다. 그러나 천원부터 헌금하면서 뻔뻔하고 당당하게 이름을 쓰는 것이다. 5) 액수는 헌금하는 액수를 쓰는 것이다. 무슨 천원을 헌금하면서 액수를 쓰냐고 할지 모르지만 아니다. 천원부터 시작한 감사헌금은 어느새 오천원이 되고 만원이 된다. 천원부터 시작하는 액수를 부끄러워하지 않고 당당하고 뻔뻔하게 액수를 쓰고 나면 천원은 액수를 넘어 믿음이 가득 담긴 헌금이 된다.

이렇게 시작한 평생감사는 어린아이부터 어른에 이르기까지 매주를 넘어서 예배시간마다 감사하는 성도들이 많아졌다. 더욱 감사한 것은 평생 감사헌금을 하면서 성도들의 마음과 언어의 습관이 감사로 바뀌고 있다는 것이다. 천원부터 시작한 감사가 습관이 되자 헌금을 넘어 믿음의 감사가 풍성해지고 있는 것이다.

고구마 전도 왕으로 유명한 김기동 목사님의 간증 가운데 이런 내용이 있다. 목사님은 언제나 양복 안주머니에 감사 헌금 봉투를 준비하고 다닌다는 것이다. 그것은 어느 곳에서든지, 무슨 일이 일어나더라도 그 자리에서 즉각적으로 감사헌금을 드리기 위해서란다. 그러면서 "사탄아! 나는 언제든지 감사 헌금을 드릴 준비가 되어 있다. 나는 불이 나도 감사할 것이고 부도가 나도 감사할 것이다, 그러니 알아서 해라!" 우리가 어떤 상황에서도 감사할 준비가 되어 있다면 사탄은 한길로 왔다가 일곱길로 도망가는 은혜를 누리며 살 것이다.

그래서 감사는 믿음의 표현인 동시에 믿음의 척도이다. 누군가의 믿음의 분량, 믿음의 크기를 알려면 그 사람이 지금 얼마나 감사하고 있는지 보면 된다. 오래 전에 많이 불렀던 복음성가가 생각난다. "동남풍아 불어라 서북풍아 불어라 가시밭에 백합화 예수 향기 날리니 할렐루야 아멘."

오늘부터, 지금 당장, 지금 여기서 "천원부터 평생 감사" 해보지 않으실래요!!

"범사에 감사하라 이것이 그리스도 예수 안에서 너희를 향한 하나님의 뜻이니라." (살전 5:18)

주님과 백만 배 가까워지는 법

하나님이 우리에게 고난을 주시는 이유는 첫 번째는 우리 죄의 결과이고 두 번째는 징계이며 세 번째는 세상이 죄로 타락했기 때문이다. 그리고 네 번째는 사탄의 공격이다. 아무런 이유 없이 주시는 고난은 결코 없다. 하나님을 사랑하는 유석경, 하나님을 더 알고 싶어서 신학교에 입학하여 공부하던 유석경 전도사에게 어느 날 암의 고난이 찾아왔다. 유석경은 이 고난 중에 만난 하나님을 '당신은 하나님을 오해하고 있다' 라는 제목의 책에서 생생하게 간증하고 있다.

2013년 1월 9일 원인모를 두통이 시작되었다. 그리고 그해 5월 31일 배 안에 12센티의 암 덩어리가 두 개나 존재한다는 암 판정을 받았다. 우리나라 장 분야의 최고 권위자인 의사는 유석경에게 1년 정도 살 것이라고 했다. 그 후 유석경은 살려달라는 기도에서 죽기 전에 한번이라도 더 설교할 기회가 생기기를 기도하며 온 힘을 다해서 한명에게라도 더 생명의 복음을 전하다가 2016년 3월 4일 하늘나라로 이사했다.

암을 통해서 데살로니가전서 5장 18절을 온전히 순종하게 되었다.

유석경은 어릴 때부터 이해하기 힘든 성경구절이 몇 개 있었다.

그중 하나가 살전 5장 18절 "범사에 감사하라"였다. 이 말씀을 읽을 때마다 어떻게 모든 일에 감사할 수 있단 말인가? 실제로 그것이 가능한가? 하는 생각이 들었다. 특히 아버지께서 돌아가셨을 때 이 말씀이 유석경을 힘들게 했다. 아버지는 췌장암으로 옆에서 보고만 있어도 손가락이 오그라들 정도로 극심한 고통 속에서 돌아가셨다. 그런데 이것을 감사해야 한다니. 모든 성경 말씀에 순종해야 하는 것을 알지만 이 구절은 정말 힘든 말씀이었다.

유석경의 몸속의 암덩어리가 커져서 튀어나와 육안으로 보이고 손으로 만져지게 되고 갈비뼈를 밀어내고 뼈가 휘어졌다. 이렇게 고통스러운데도 죽지 않고 살아있다는 게 신기할 정도로 고통이 극심했다. 그런데 더 신기한 것은 고통이 심해져 갈수록 더욱더 감사하게 된다는 것이다. 물론 암에 걸리기 전에도 구원의 감격과 하나님의 사랑에 대한 감사는 늘 내 마음속에 있었다. 그러나 아프고 난 후에는 전혀 다른 차원의 감사하는 마음이 전혀 다른 깊이로 내안에 가득 채워지게 되었다. 그리고 그렇게 어렵게만 느껴지던 살전 5장 18절 말씀 "범사에 감사하라"에 순종하게 되었다.

암을 통해서 백만 배 주님과 더 가까워졌다.

유석경은 암이 자신에게 축복이었다고 고백한다. 그러면서 암이 축복인 이유 세 가지를 간증한다.

1) 2%를 포기하게 되었다. 직장생활을 할 때, 신학교에 가서도 마지막 2%를 놓지를 못했다. 그런데 의사가 "암입니다"라고 말할 때 10년을 기도해도 놓아지지 않던 그 2%가 순식간에 놓아지는 자유함을 누렸다는 것이다.

2) 죽음을 준비할 시간을 얻었다. 만약 사고로 죽는다면 사랑하는 사람과 작별 인사할 시간도 갖지 못한다. 회개할 시간도 없고

죽음을 준비할 시간도 없다. 그러나 나는 죽음 앞에서 준비할 시간이 있다. 정말 큰 축복이고 특권이다.

3) 주님과 백만 배 더 가까워졌다. 신학교에 왔을 때 사람들은 왜 신학교에 왔냐고 물었다. 저마다 포부는 거창했지만 나는 딱 하나 주님께 집중하기 위함이었다. 그런데 신학교 진학 이후에도 너무 바빠서 주님께 집중할 수가 없었다. 그런데 암에 걸린 후로 주님과 백만 배 더 가까워졌다. 신학교 진학과는 비교할 수 없이 하나님과 가까워졌으니 이 얼마나 감사한가.

그렇다고 우리가 저자처럼 암을 사모할 필요도 없고 암을 사모하는 사람도 없다. 그러나 기회는 언제나 있는 것이 아니다. 아직 건강할 때, 때론 암으로 아직 시간이 조금이나마 남았을 때 감사하며 전도하며 주님을 가까이 하며 살아야하지 않을까!!

"하나님을 가까이하라. 그리하면 너희를 가까이하시리라." (약 4장8절)

나의 도서관(독서실) 사랑이야기

10여 년 전, 어느 세미나에 참석했다가 부산에서 목회하는 신대원 선배 목사님과 광림 수도원에서 한방을 쓰게 되었다. 이런 저런 이야기를 나누다가 고민 하나를 털어 놓았다.

"선배님 저는 도서관을 가야 공부가 되는 그런 습관이 있습니다. 선배님은 어떻습니까?" 그 말에 선배 목사님은 자기는 집에서 아주 잘하고 있으며 오히려 그런 곳에 가면 집중이 되지 않는다고 했다. 그러면서 하는 말이 도서관을 좋아하는 그런 좋은 습관을 왜 고치려 하냐고 오히려 반문을 했다. 사실 그때나 지금이나 나는 도서관이나 독서실을 가면 세상의 모든 문제가 정리정돈 되는 그런 은혜가 임한다.

나의 도서관 사랑의 이력은 이렇다. 중학교 3학년 때 어머니가 돌아가시고 고2때 부터는 사설 독서실에서 살았다. 밥은 친구 누나가 해주고 학교를 마치면 친구와 함께 학교에서 가까운 독서실에서 생활을 했다. 거기서 공부 하다가 의자를 책상에 올리고 그곳에서 잠을 잤다. 신학교에 들어가서는 기숙사 생활을 했는데 그때도 학교 도서관을 이용했다.

군대를 다녀온 후에는 지금은 사라졌지만 양림동에 있는 학강독서실에서 먹고 자고를 반복했다. 신학교를 졸업하고 대학을 다닐 때 역시 학교 근처에 자취방을 얻어 놓고 지금은 베트남 선교사로 있는 친구와 '도서관에 제일 먼저와 도서관에 제일 늦게'를 외치며 도서관에서 살았다.

대학 다닐 때 진도에서 담임전도사로 교회를 섬겼는데 방학을 하면 아들과 함께 진도 도서관에 가서 지냈다. 그 습관은 신대원 다닐 때도 계속되어 방학을 하면 지금은 지명이 바뀐 경기도 미금 시립도서관에 아들과 함께 다니곤 했다.

신대원 3학년 12월에 전임 사역을 시작했다. 교육전도사 때 여유 있는 시간을 보내다가 전임사역을 시작하자 '아~~ 옛날이여'가 절로 나왔다. 몇 달을 정신없이 보내다가 드디어 내 숨구멍을 찾았다.

새벽예배를 마치고 봉고차로 10분 정도 거리에 있는 경기도 부천 시립도서관에 가서 한 두 시간을 있다가 집에 와서 아침 먹고 출근 했다. 여수에서 부목사를 할 때는 심방이 끝나면 여수나 여천 시립도서관에 가는 것이 나의 일과였다. 그러다 곡성 옥과교회 담임목사로 왔다. 근방의 도서관을 찾다가 북구 두암동의 무등도서관과 담양 군립도서관을 아지트로 삼았다.

익산으로 교회를 이동하고 나서는 근방의 모든 곳을 다 찾아다니며 분위기를 살폈다. 그러다가 책을 보며 컴퓨터 자판을 두드리기 가장 좋은 곳으로 김제 시립도서관을 찾았다. 김제 시립도서관은 내가 경험한 도서관 중에 최고다. 이유는 1년 365일 중 설날 하루 정도, 추석 하루 정도 쉬고는 언제나 문을 연다.

특히 500원을 내면 사설 독서실에서 공부 할 수 있는 분위기 좋은 방을 제공한다. 그래서 익산에 있을 때는 주로 김제 시립도서관을 이용했다.

그러다가 광주에 왔다. 정말 감사한 것은 우리교회 근방에 광신대학교가 있다는 것이다. 방학을 하면 이용시간이 좀 짧아지기는 하지만 언제든지 그 수많은 장서를 이용할 수 있고 향기로운 커피숍 그리고 운동할 수 있는 운동장까지 갖춘 최고의 시설이 있음에 감사하고 있다. 그러다가 2년 전부터 불기 시작한 카페 독서실이 나의 마음을 사로잡았다. 고등학교, 대학교 때 다녔던 사설 독서실의 단점을 완전히 극복하고 말 그대로 공부하는 카페로 새롭게 등장한 것이다. 나는 일주일이면 서너 번 독서실을 찾는다. 독서실에 앉으면 세상의 모든 근심과 걱정은 물러가고 지혜와 은혜가 하늘이 두 쪽이 난 것처럼 밀려온다. 좀 과장해서 말한다면 그렇다는 것이다. 내 나이에 집을 저버리고 독서실을 아지트 삼는 사람은 별로 없는 것 같다. 그래도 요즘은 늦게 자격증을 공부하는 노땅들이 있어서 서로 위로가 되기도 한다.

나의 작은 바람이 있다면 나도 다른 사람처럼 독서실이 아닌 집이나 목양실에서 연구하는 때가 오기를 기다린다. 언제까지 이럴 수는 없지 않겠는가 말이다. 그래도 어느 누구의 간섭이나 전화에서 해방되는 독서실은 나의 안식처이고 휴식처이며 놀이터이다. 그러면서도 뛰쳐나가고 싶을 때가 한두 번이 아니다. "우리 마음 속에는 놀고 싶어 안달이 난 아이가 있다"고 말한 프리드리히 니체의 말이 생각난다.

"수고하고 무거운 짐 진 자들아 다 내게로 오라. 내가 너희를 쉬게 하리라." (마 11:28)

시편 91편의 위로

어느 때나 어느 순간에도 하나님의 말씀은 우리에게 위로와 소망이 되었다. 특별히 코로나 19라는 위기의 시기를 지내면서 우리에게 새롭게 다가오는 말씀이 시편 91편의 말씀이다. 그래서 코로나 19는 시편 91편의 말씀으로 이겨야 한다는 말을 할 정도로 오늘 이 시대에 분명하고 정확하게 갈 길을 밝히는 말씀이다. 시편 91편에서 흘러나오는 위로를 마음에 새겨보자.

1. 나 이래봬도 이런 사람이야!!

사람은 내가 누구인가를 자각하는 순간부터 달라진다. 남자들이 예비군복을 입으면 다 뭐가 된다는 말이나 자리가 사람을 만든다는 말이 다 이런 것이리라. 오늘의 시대, 특히 위기의 시대를 지날수록 나는 누구인지에 대한 확실하고 분명한 '자리 확인'이 필요하다.

시편기자는 우리의 자리를 분명하게 짚어준다. "지존자의 은밀한 곳에 거주하며 전능자의 그늘 아래에 사는 자"(시 91:1) 우리는 외쳐야 한다. "나~~ 이래 봬도 지존자의 은밀한 곳에 살고 있고 전능자의 그늘아래 사는 자여"라고 말이다.

미국 천주교 신부인 브레넌 매닝이 이런 말을 했다. "만일 누가 요한에게 '당신 인생에서 가장 중요한 신분은 무엇이오?' 하고 묻는다면 그는 '나는 제자요 사도요 전도자요 복음서 저자요' 라고 하지 않고, '나는 예수님이 사랑하시는 자요'라고 답할 것이다."

2. 나는 하나님을 어떤 분으로 고백하는가?

하나님은 나를 '은밀한 곳에 거주하는 자'로 '전능자의 그늘 아래 사는 자'로 여기고 있다. 그러면 나는 그런 하나님을 어떤 분으로 고백하고 있는가? 시편 기자는 분명하게 말한다. "나는 여호와를 향하여 말하기를 그는 나의 피난처요 나의 요새요 내가 의뢰하는 하나님이라 하리니."(시 91:2)

요즘 미래 산업의 관심은 영화에 나오는 아이언맨 슈트처럼 '입는 로봇'(wearable Robot)이다. 사람이 입을 때 슈퍼맨처럼 되게 해 주는 그런 로봇을 말한다. 현대기아자동차는 조끼형태로 상향 작업을 지원하는 로봇과 장시간 앉아서 작업할 수 있도록 도와주는 무릎관절보호 로봇을 개발하여 공장에서 사용하고 있다. 삼성전자는 젬스라는 로봇을 개발했는데 노약자나 환자들이 허리와 종아리에 착용했을 때 쉽게 보행을 하거나 계단을 오를 수 있게 도와준다는 것이다.

그러면 하나님을 신뢰하는 우리가 입어야 할 로봇은 무엇인가? 시편 91편의 고백처럼 '하나님이 나의 요새'다. 바울의 고백처럼 구원받는 우리에게 하나님의 능력이 되는 '십자가'라고 할 수 있다.

3. 하나님은 언제나 옳으신 분이다.

하나님은 은밀한 곳에 거주하는 우리들을 사냥꾼의 올무에서, 심한 전염병에서 건져주시겠다고 약속하셨다. 그리고 천명이 왼쪽에서, 만명이 오른쪽에서 엎드러질 때 이 재앙이 우리에게 가까이 하지 못할 것이라고 말씀하셨다. 이 진리의 말씀을 분명히 그리고 확실히 믿는다. 그러나 우리의 현실은 그렇지 않다. 예수 잘 믿는다는 사람이 올무에 걸리고 코로나 확진자가 되기도 한다.

그러나 지금 이해가 되지 않아도 하나님은 진실하시다.(시91:4) 그리고 하나님의 판단은 언제나 옳으시다.(시119:137) 어거스틴은 말한다. "당신이 만일 하나님을 이해할 수 있다면 그것은 이미 하나님이 아니다."

로마서강해, 욥기강해로 우리나라에 알려진 영국의 크리스토퍼 애쉬 목사는 "만약 욥기에서 예수 그리스도가 빠지면 어느 대답 없는 고통의 기록이 되어버린다."고 말했다. 우리가 만난 고난과 고통의 자리에서 우리는 예수 그리스도를 기억해야 한다. 그렇지 않으면 나의 고통과 시련은 대답 없는 고생이 되고 말기 때문이다.

"그가 너를 그의 깃으로 덮으시리니 네가 그의 날개 아래에 피하리로다. 그의 진실함은 방패와 손 방패가 되시나니." (시91:4)

가슴 뛰는 예배를 사모하며

신학교 2학년 1학기를 마치고 군에 입대했다. 입대하기 전에 교회에서 교육전도사를 했다. 논산훈련소에 입소하여 맞이한 첫 번째 주일예배. 상상하지 못한 일이 일어났다. 훈련소 예배당에 앉았는데 우리 어머니가 돌아가셨을 때도 그렇게 흘려본 적이 없는 눈물과 콧물이 폭포수처럼 흘렀다. 이건 나오는 수준이 아니라 둑이 터지는 수준이었다. 그렇게 눈물과 감동의 훈련소 네번의 예배는 지금도 잊을 수 없는 예배의 기억으로 남아 있다. 예배의 사모함이 흐려질 때마다 그때의 감동과 눈물의 예배를 회상하며 회개와 회복을 위한 기도를 하곤 한다.

코로나 19의 확산 예방에 교회가 자발적으로 동참하면서 교회에서 함께 모여 예배드리던 기억을 새삼 감사하게 되었다. 많은 성도들이 교회에 모여서 예배드렸던 그 기억을 사모하며 빨리 교회에서 예배하기를 사모하고 있다. 그렇게 되기를 기도하며 예배에 대한 몇 가지 이야기를 나누려 한다.

이야기1.
교육전도사 시절, 교회학교 중고등부 청년부에 이어 구역을 하나 맡아서 예배를 인도했다. 어느 주일. 내가 담당하고 있던 구역의 집사님이 농사철에 경운기를 타고 일터에 가다가 경운기가 논에 전복되는 큰 사고를 당했다는 이야기를 듣고 오후에 병원에 달려갔다. 경운기가 논에 들어가는 큰 사고였는데, 다행히도 큰 부상을 당하지 않았지만 얼굴이 많이 부어오른 집사님은 나를 보자마자 울면서 "전도사님 전도사님 죄송합니다. 다시는 주일에 일을 하러가지 않겠습니다." 꽤 많은 시간이 흘러서 그렇게 말씀하신 그 집사님은 지금 어디서 무엇을 하는지 모른다. 그러나 예배를 생각할 때마다 그 은혜를 잊지 않고 오늘도 그 아픔을 거울삼아 예배하는 사람으로 살고 있기를 기도한다.

이야기2.

보지 못하고 듣지 못하고 말하지 못하는 삼중고의 고통 속에서도 한줄기 믿음의 소망으로 행복한 인생을 살았던 헬렌켈러에게 어느 날 한 기자가 찾아와서 물었다. "당신은 보지도 듣지도 말하지도 못하는데 당신이 사랑하는 사람이 오면 어떻게 알 수 있나요?" 그러자 헬렌켈러는 "제가 비록 보지도 듣지도 말하지도 못하지만 내가 사랑하는 사람이 내 곁에 오면 향기로 압니다." 그러자 기자는 집요하게 질문을 했다. "사람들이 온통 몸에 향수를 뿌리고 당신 앞을 지나간다면 어떻게 당신의 사람을 구별할 수 있습니까?" "네, 내가 사랑하는 사람이 내 곁에 오면 내 가슴이 뜁니다."

이야기3.

오래 전 모퉁이돌 선교회 이삭 목사님의 간증을 들은 적이 있다. 1995년 북한과 중국 국경의 한 중국도시에서 있었던 일이란다. 이삭 목사님이 1995년 미국에서 사역하고 있는데 중국과 북한 국경에서 사역하고 있는 한 형제에게서 전화가 왔다. 북한 성도의 탈출을 도와달라는 것이었다. 국경에 도착하여 식당에서 네명의 어른들을 만났다. 탈북하려고 준비하고 있는 사람이 어린아이부터 79세 노인까지 약 60~70명 정도 된다는 것이었고 그중에 자신이 79세로 나이가 가장 많다고 소개했다. 그때 이삭 목사님이 이들에게 물은 첫 번째 질문은 "왜 나오시려고 합니까?" 그러자 79세의 노인은 "찬송 한번 맘 놓고 불러보고 싶어서…."

"아버지께 참되게 예배하는 자들은 영과 진리로 예배할 때가 오나니 곧 이 때라. 아버지께서는 자기에게 이렇게 예배하는 자들을 찾으시느니라. 하나님은 영이시니 예배하는 자가 영과 진리로 예배할지니라."(요 4:22~23)

이 한마디가 나를 살렸다

　내가 받은 최고의 칭찬은 우리 어머니에게서 받은 것이다. 어릴 때 방학이 되면 시집간 누나 집에 가서 한두주씩 놀다 오곤 했다. 한번은 누나가 집에서 타지 않는 자전거가 있으니 가지고 가서 타보라고 권했다. 어른용 자전거였고 더군다나 자전거를 탈 줄도 몰랐지만 나는 단번에 그렇게 하겠다고 했다. 그리고는 그 먼 길을 끌고 왔다. 도로 사정이 좋아진 지금도 꽤 먼 길을 중학생인 나는 쉼 없이 끌고 집으로 온 것이다. 몸져누워 아랫목에 있던 어머니는 이런 나를 보고 한마디 하셨다.

　"우리 막둥이는 뭘 해도 할 거야." 내가 중학교 다닐 때니까 40년도 훌쩍 넘었는데 이제는 텃밭이 되어버린 고향 시골집에서 어머니가 문을 열고 그렇게 격려하고 있는 것 같아서 생각할 때마다 기분이 참 좋다.

　하나님이 우리에게 주신 그 많은 선물 가운데 말할 수 있다는 것은 무엇과도 바꿀 수 없는 선물중의 선물이다. 말은 자신의 사상과 감정을 소리를 통해서 남에게 전달하는 수단이기 때문에 말의 높고 낮음과 길고 짧음은 나의 생각과 감정을 표현하는 중요한 수단이 된다. 그래서 성숙한 사람은 말이 다르다. 같은 표현이어도 색깔이 다르고 향기가 난다. 그래서 성숙한 사람의 말을 들으면 하나님과 사람에 대해서 잊었던 감사가 회복되고 다시 시작해보리라는 결단에 이르기도 한다.

요셉이 21년 만에 만난 형제들 앞에서 이렇게 말한다.

"당신들이 이곳에 나를 팔았다고 해서 근심하지 마소서 한탄하지 마소서 하나님이 생명을 구원하시려고 나를 당신들 보다 먼저 보내었나이다."(창 45:5)

요셉의 이 말은 형제들에게 그동안 높아져버린 자신의 위치와 성숙된 인격을 보여주기 위한 말장난이 아니라 지금까지 하나님께 받은 은혜의 열매가 언어로 표현된 것이다. 그래서 요셉의 말은 말을 넘어 신앙고백이요 은혜의 고백이 되는 것이다.

말을 할 때 우리가 기억해야 할 것 중의 하나는 쓰레기는 쓰레기통에 버려져야 당연하다는 것이다. 쓰레기를 주머니에 담고 살거나 심지어 가슴에 품고 살면 나의 삶과 언어는 쓰레기 같은 악취로 가득할 것이다. 그런데 문제는 그 쓰레기를 버릴 능력이 나에게 있는가 하는 것이다. 버려야 하고 버려야 내가 사는 줄 알면서도 아는 대로 버려지지 않는 나의 약함과 악함을 무엇으로 뛰어넘을 것인가.

교회에서 받은 상처를 안고 교회를 옮기는 성도들이나 사임하는 동료 목회자를 종종 본다. 사랑하고 신뢰했던 교회 공동체에서 받은 상처와 아픔은 어디서 받은 아픔보다 더 크고 아프고 길게 간다. 특히 목사님들은 힘들어도 개척을 시작하기 전에 그 아픔을 하나님과 해결을 보고 시작하라고 말하고 싶다. 그렇지 않으면 내 속의 상처는 수 많은 다른 사람들의 가슴에 비수가 될 수 있기 때문이다. 내가 아는 후배목사님은 잘 나가던 그 자리에서 큰 아픔을 당했다. 한 번도 생각해보지 않은 그 아픔을 안고 교회를 사임했다. 그리고 얼마 후 개척을 시작했다는 소식을 듣고 다시 만난 목사님의 입술에는 회개와 감사가 가득했다. 억울하고 분한 마음에 감정적으로 말하고 행동했던 그 순간에 대한 후회와 회개 그리고 지금의 삶에 감사하는 것을 보면서 얼마나 안도하며 감사했는지 모른다. 그렇다. 내가 아프면 바람만 불어도 아프다. 내가 슬프면 떨어지는 낙엽만 봐도 눈물이 난다. 그러나 내가 성령 충만하면 불어오는 동남풍도 서북풍도 할렐루야 아멘을 외치고 일어설 수 있다. 말은 내가 누구인지를 보여주는 이름표다. 말은 내가 지금 무슨 생각을 하고 있는지를 보여주는 마음판이다. 말은 내가 지금 어디로 가고 있는지를 보여주는 목적지다.

하나님 아버지!! 말로 인한 상처로 몸부림치는 우리들의 마음을 치유하여 주옵소서. 아멘

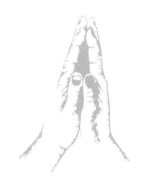

어머니 나의 어머니!!!

나의 어머니는 내가 중학교 3학년이 된 7월 어느 날, 마흔 아홉 살의 여정을 마치고 내 곁을 떠나셨다.

돌아가시기 몇 시간 전, 어머니가 어린 나의 엉덩이를 두드리시면서 나에게 남긴 마지막 말은 "우리 막둥이 나 죽으면 어떻게 살까?"였다.

사랑하는 막둥이를 두고 이 세상을 떠나야 할 때가 온 것을 안 어머니는 그 누구에게도 막둥이인 나를 부탁할 곳이 없었다. 그래서 우리 어머니는 유언 같은 걱정의 말을 남기시고 질기고 긴 질병을 넘지 못하고 마흔 하고도 아홉 살의 나이로 세상을 떠나셨다.

열여덟 살에 시집온 어머니는 힘들고 어려울 때 "네 아버지에게 속아서 시집 왔단다"라는 말을 하곤 하셨다. 돌이킬 수 없지만 현재 고달픈 삶을 달래 보려는 말이었으리라.

아버지의 얼굴 한번 보지 않고 시집온 어머니는 가장 먼저 아들을 낳았지만 얼마 후에 병으로 죽자 아들에 대한 집착이 강하셨다.

그 후로 딸 넷을 낳고 드디어 우리 형을 낳은 후 남자 아이임을 확인하고서는 "아이고 내 고추"하셨다는 유명한 일화를 남기셨다.

내가 어릴 때는 모든 친구들이 '바리깡'으로 머리를 빡빡 밀었다. 머리가 길다 싶으면 이발 값도 주지 않고 이른 아침, 밥 먹기 전에 동네 할아버지 집으로 보냈다.

할아버지는 나무의자에 나를 앉혀놓고 머리를 깎아 주시는데 머리 깎는 기계가 무디어서 머리카락을 얼마나 쥐어뜯던지…. 나는 종종 머리 깎으러 갔다가 할아버지의 장난스런 놀림에 울고 오곤 했다.

손가락이 누렇게 변할 정도로 담배를 끝까지 태우시는 할아버지는 가래가 끓는 기침을 하면서도 "너 다리 밑에서 주어온 자식이다"라는 말을 얼굴색 하나 변하지 않고 하셨다.

처음에는 그러려니 들었지만 진지하게 반복된 그 말에 혹시 출생의 비밀이 있는 것이 아닌지 의심하며 울면서 집에 오면 어머니는 단 한마디로 해결해 주셨다. "너는 내 새끼여."

어머니는 우리 모든 이들의 고향이다. 전남 보성 출신의 독립운동가 서재필도 예외는 아니었으리라. 1864년 1월 7일, 외가에서 태어난 서재필은 일곱 살 때 7촌 아저씨인 서광하 댁의 양자로 들어간다. 어머니는 어린 아들의 손을 부여잡고 눈물을 철철 흘리며 말했다. "어미가 보고 싶으면 소나무를 쳐다보며 '솔!'이라고 외쳐라. 이 어미는 천리만리 떨어져 있어도 그 소리를 들을 수 있단다." 서재필은 어머니가 그리울 때마다 "솔 솔 솔…"을 외쳤다. 그때마다 마음이 편해지면서 몸에 뜨거운 기운이 감돌았다고 한다.

시인 손택수 님의 시 "거미줄"을 보면 어미와 자식은 한 몸임을 다시 기억한다.

"어미 거미와 새끼 거미를 몇 킬로미터쯤 떨어뜨려놓고 / 새끼를 건드리면 움찔 / 어미의 몸이 경련을 일으킨다는 이야기 / 보이지 않는 거미줄이 내게도 있어 / 수천 킬로미터 밖까지 무선으로 이어져 있어 / 한밤에 전화가 왔다. / 어디 아픈 데는 없느냐고 / 꿈자리가 뒤숭숭하니 매사에 조신하며 살라고 / 지구를 반 바퀴 돌고 와서도 끊어지지 않고 끈끈한 줄 하나."

"나 죽으면 우리 막둥이 어떻게 살까?" 우리 어머니가 예수를 믿었더라면 더 근사한 마지막 유언을 남기셨을 텐데 하는 아쉬움이 있지만 그래도 우리 어머니다.

"100에 10에 1을 하십시오"

기독교 대학의 신입생 입학식에 교목은 설레는 마음으로 첫발을 내딛는 신입생들에게 이런 부탁을 했다. "여러분은 이 학교에 입학해서 4년을 다니면서 100에 10에 1을 하십시오. 100권의 책을 읽고 10명의 친구를 사귀고 한분의 스승을 만나기 바랍니다." 이 설교를 들은 학생들은 4년 동안 100권이 넘는 책을 읽었다. 좋은 사람이 되려고 노력해서 10명의 친구도 만들었다. 그러나 한분의 스승은 만나지 못했다는 것이다.

왜 우리는 책은 읽으면서, 친구는 사귀면서도 스승은 만들지 못할까? 혹 위대한 스승, 본받을 만한 스승, 내 인생의 획기적인 전환점을 만들어준 그런 류의 스승을 찾기 때문은 아닐까. 그렇다면 포기하시라. 나도 그런 류의 스승의 근처도 가지 못하는 주제에 무슨 그런 스승을 찾으려고 한단 말인가? 신영복 교수가 쓴 '담론'이라는 책에 나오는 내용이다. 신영복교수는 1968년 통일혁명당 사건으로 구속되어 무기징역형을 받았다. 그리고 복역한 지 20년 20일만인 1988년 8월 15일 특별가석방으로 출소했다. 신영복교수가 재판받고 있을 때 동백림 사건으로 구속된 동양화가 고암(顧庵) 이응노(李應魯) 선생과 윤이상(尹伊桑) 선생이 대전교도소에 있다는 소식을 듣고 만날 것을 기대했는데 대전교도소로 갔을 때에는 섭섭하게도 출소하고 난 후였다. 그래서 고암 이응노 선생과 한 방에 있었던 젊은 친구를 만나서 이런 저런 궁금한 일들을 물어보았단다. 그런데 그 젊은이는 이응노가 누군지 전혀 모르고 있었지만 이야기 중에 "아 그 괴짜 노인 말인가요?"라고 했다. 어째서 '괴짜'냐고 물었더니, 수번(囚番)으로 사람을 부르지 않는다고 했다. 감옥에서는 수번(囚番)으로 호명하는 것이 규칙인데 고암 선생은 한 방에 있는 사람을 수번(囚番)으로 부르는 법이 없고, 부르지 못했다는 것이다.

"자네 이름이 뭐야?" "이름이 왜요? 그냥 번호 부르세요. 쪽팔리게." 어쩔 수 없어 자기 이름이 '응일'(應一)이라고 했더니, 한 일자 쓰느냐고 또 묻더랍니다. 그렇다고 했더니 "뉘 집 큰아들이 징역 와 있구만." 혼자 말씀처럼 그러더래요. 이름자에 한 일자 쓰는 사람이 대개 맏아들입니다. 영일이 정일이 태일이 등…. "뉘 집 큰아들이 징역 와 있구먼!" 하는 말을 듣고 나서 그날 밤 한잠도 못 잤다고 했습니다. 그동안 자기가 큰아들이라는 사실을 까맣게 잊고 있었던 것이지요. 부모님과 누이동생 생각으로 잠을 잘 수 없데요. 누이동생 시계를 몰래 가지고 나왔는데 객지를 전전하며 고생고생하며 살아오는 동안 까맣게 잊었던 가족 생각에 잠 못 들었다는 것이었습니다.

우리는 사람을 '한 개인', 심지어 하나의 '숫자'로 상대하는 경우도 많습니다. 그러나 알바하는 그 청년은 '야 알바'가 아니라 '뉘 집 큰아들'이다. 우리 회사 미스 김은 '야 인턴'이 아니라 '뉘 집의 외동 딸'인 것이다. 하나님이 지으신 모든 존재는 '야'라고 불러도 되는 사람은 없다. 모두 소중한 존재로 이 세상에 왔기 때문이다.

김춘수 시인은 '꽃'이라는 시 말미에 "누가 나의 이름을 불러다오. / 그에게로 가서 / 나도 그의 꽃이 되고 싶다"고 했다. 좋은 스승은 나의 이름을 불러주고 내 가치를 인정해주는 사람이다. 사람들은 돌을 돌로만 보지만 스승은 그 돌의 틈새에 숨어 있는 금 가루를 보는 사람이다. 최고의 스승이신 예수님은 허가받은 도둑놈이라고 불리던 세무서장 삭개오의 이름을 또박또박 불러주셨다. 그러자 삭개오의 집에 구원이 임했고 아브라함의 자손임이 다시 확인되었다.

　잠시 걸음을 멈추고 주위를 둘러보라. 그 이름이 불리워지기를 기다리는 상처 입은 꽃들이 얼마나 많은가. 잠시 걸음을 멈추고 자신을 바라보라. 오늘의 나는 내 이름을 불러준 수많은 스승의 작품이리라. 그래서 당신이 바로 나의 스승이고 내가 바로 당신의 스승이다.

　"삭개오야 속히 내려오라. 내가 오늘 네 집에 유하여야 하겠다."(눅 19:5)

시멘트 종이에 돈을 싸서 주시던 어머니

　오스트리아의 작곡가 모차르트(Wolf-gang Amadeus Mozart: 1756-1791)는 음악을 배우러 찾아오는 사람들에게 "당신은 음악을 배운 적이 있습니까?"라는 질문을 했다. 어느 날 한 청년이 음악을 배우기 위해 모차르트를 찾아왔다. 모차르트는 그에게 언제나 하는 그 질문을 던졌다. "당신은 음악을 배운 적이 있습니까?" 청년은 당당하게 "예, 어릴 적부터 피아노를 쳤고, 바이올린도 한 10년을 배웠습니다." 청년의 대답을 들은 모차르트는 "수강생으로 받아는 들이겠으나 수업료는 원래의 두 배를 내야 합니다"라고 말했다. 어릴 때부터 음악을 했던 청년은 이 말을 쉽게 이해하지는 못했지만 유명한 모차르트에게 배우려면 그만한 값을 내야 되는 걸로 이해하고 있을 때 모차르트에게 배우겠다는 또 다른 한 청년을 보게 되었다.

　"당신은 음악을 배운 적이 있습니까?" 청년은 머뭇거리면서 "음악을 배운 적은 없지만 열심히 하겠습니다."라고 대답했다. 그리고는 혹시 모차르트가 음악을 모르는 자신을 받아들이지 않을까 하고 불안해했다. 그러나 모차르트는 뜻 밖에도 "좋습니다. 수업료는 절반만 내십시오."
　두 배의 수강료를 내야 한다는 소리를 들은 청년은 모차르트에게 항의하듯 물었다. "왜 음악을 전혀 모르는 저 사람에게는 수업료를 반만 내라고 하시고, 10년이나 공부한 저에게는 수업료를 두 배로 내라고 하십니까? 이것은 부당한 처사가 아닙니까?" "아닙니다. 내 입장에서 보면 음악을 이미 배운 사람들을 가르치는 일이 훨씬 더 어렵습니다. 왜냐하면 그들은 이미 보면 잘못된 습관들이 많이 형성되어 있기 때문입니다."라고 말을 했다는 것이다. 이 이야기는 습관이 얼마나 중요한지, 더 나가서 잘못된 습관을 바꾸는 것이 얼마나 어려운 가를 말해준다.

서울대 박동수 명예교수는 청록파 시인이었던 박목월의 장남이다. 박동수 교수는 어머님에 대한 이야기를 많이 했는데 궁핍한 살림을 꾸리고 계셨지만, 돈이 없다는 말을 자식들 앞에서 단 한번도 내뱉은 적이 없으셨던 분이라고 했다. 뿐만 아니라 자식들에게 지폐 한 장, 동전 한 닢조차도 그대로 손에 쥐어 주는 법이 없으셨던 분이란다.

어린 시절 어느 날, 박 선생은 어머니를 따라 시장을 갔다가 한 구멍가게에서 파는 아이스크림을 보고 어찌나 먹고 싶던지 어머니에게 한 번만 사 달라고 애원하게 됐다. 그러자 어머니는 아들의 손을 꼭 잡고 무언가를 찾아 시장을 누비기 시작하셨다. 한참을 이리저리 다니시다가 어느 가게에서 시멘트 종이를 한 장 얻으셨고, 그 옆 공터로 아들을 끌고 가셨다.

어머니는 그제야 손을 놓더니, 종이를 접어 그 안에 돈을 넣으시는게 아닌가? 돈을 싸 주시는 거란 사실을 알아채고 왜 시장 통에서까지 그러시는지 선뜻 이해되지 않던 박 선생이 그 까닭을 묻자 어머니는 조용히 아들을 품에 안으며 이렇게 대답하셨다.

"돈을 자꾸 보고 만지면 갖고 싶어진다. 우리 집안은 글을 쓰는 집안이야. 이 사실을 잊지 말아라.”

역시 좋은 습관은 어렸을 적부터 만들어지며 자녀의 습관에 가장 큰 영향을 미치는 분은 바로 부모라는 것을 다시 말해주고 있다. 교육학자인 호레이스 만은 “습관은 밧줄과 같다. 우리는 습관이라는 밧줄을 매일 짜고 있다. 그런데 이렇게 짜인 습관은 결코 파손되지 않는다”고 말했다. 영국의 사상가 사무엘 스마일스는 “습관은 나무껍질에 새겨놓은 문자 같아서 그 나무가 자라남에 따라서 확대된다”고 했다. 오늘도 좋은 습관을 보여주는 하루, 좋은 습관을 인생의 나무에 새기는 하루가 되길 바란다.

“육체의 연단은 약간의 유익이 있으나 경건은 범사에 유익하니 금생과 내생에 약속이 있느니라.” (딤전 4:8)

어머니를 전도 못한 가슴 아픈 이야기

언제부터인지는 정확하지 않지만 나는 초등학교 때부터 교회를 다녔다. 진리를 깨닫고 복음을 알아서 다닌 것이 아니라 동네에 교회가 있었고 친구들과 어울리면서 자연스럽게 교회를 다녔다. 가끔씩 교회에서 주는 알사탕과 3원짜리 노트와 연필은 교회를 좋아할 수밖에 없게 만들었고 선생님들이 들려주는 재미난 이야기는 듣고 볼 것이 없었던 시절에 엿장수가 떼어주는 엿가락처럼 달콤했다.

특히 성탄절 때 나누어주는 떡이나 빵 그리고 교회의 형과 누나들이 보여주는 성극은 한 바탕 웃음으로 이끌어내는 자리가 되었다. 부모님이 교회를 다니지 않아서 매주일 마다 가지는 못했지만 꼭 일요일이면 농사일을 만들어 놓고 기다리시는 그 일거리를 피하기 위함도 교회를 다니는 이유가 되었다.

그러던 어느 해, 어머니가 아프기 시작했다. 많이 아팠다. 무엇을 드시면 3분이 채 되지 않아 모든 것을 토해내는 위암이었다. 어머니는 가슴에 손으로도 선명하게 만져지는 주먹만 한 그 무엇을 보여주며 이것이 뭔지 확 갈라서 꺼내보는 것이 소원이라고 하셨다.

그러나 우리 형편에 수술은 감히 엄두도 내지 못했다. 어머니를 지극히 사랑하셨던 아버지는 할 수 있는 것이라면 수술 말고는 모든 것을 다 해서 어머니의 병을 치료해 드리기 위해서 힘을 쓰셨다. 그럼에도 어머니의 병은 더 중해지셨고, 나는 중3이었지만 학교의 특별한 허락을 받고 오전 수업만 하고 집에 돌아와서 어머니를 돌보곤 했다.

학교에서 돌아오면 어머니는 아랫목에 누워서 막둥이인 내가 오는 것을 작은 문을 열고 반겨주셨다. 그리고 햇볕을 쬐고 싶다고 하시면 피골이 상접한 어머니 손을 잡고 시골 마당 한 바퀴를 돌았다. 그러나 심신이 허약한 어머니는 한 바퀴도 돌지 못하고 "휴, 들어가자. 되다."하시곤 했다.

중학교 3학년, 그 날도 오전 수업을 마치고 집에 왔는데 우리 집에서 무당이 푸닥거리를 하고 있었다. 아버지가 어머니의 병 치료를 위해서 마지막 수단으로 굿을 한 것이었다. 그때 나는 너무 너무 놀랐다. 평소에 몇 발자국도 스스로 걷지 못하던 우리 어머니가 무당의 춤사위에 맞추어서 무려 30센티를 펄쩍 펄쩍 뛰는 것이 아닌가!! 나는 그것을 보는 순간, "오메 우리 엄마 살았네!", "오메 우리 엄마 살았네!"를 외쳤다.

어머니의 약함을 너무나 잘 알고 있는 나로서는 어머니의 그런 모습은 병 치료 받지 않고는 일어날 수 없는 일이라고 생각했기 때문이었다. 그리고 2~3일이 지났다. 어머니는 다시 병석에서 꼼짝도 못하는 사람이 되었다. 불과 하루 이틀 전에 땅이 꺼지라고 뛰던 어머니는 지푸라기에 붙은 불이 한꺼번에 타올랐다가 순식간에 사그라지듯이 잿더미가 되어 옛날로 돌아오셨다.

그리고 며칠 후 저녁, 제 엉덩이를 두드리시면서 "나 죽으면 우리 막둥이 어떻게 살까?", "나 죽으면 우리 막둥이 어떻게 살까?"를 하시더니 굵은 눈물을 흘리시고는 세상을 떠나셨다. 그때는 내가 중학교 3학년 열일곱 살, 우리 어머니는 마흔 아홉 살 때였다.

그렇게 어머니가 돌아가시고 누님들은 시골집 한 모퉁이에 지청이라는 것을 만들어 놓고 한 달에 두 번씩 제사를 지냈다. 가끔 제비가 시골집에 오거나 개구리가 마당에 나타나면 나는 죽은 우리어머니가 막둥이를 보고 싶어서 오신 줄 알고 하염없이 울곤 했다. 나는 어려서부터 교회를 다녔고 동네에서는 꽤 열심히 다니는 부류에 속했다.

그러나 나는 전혀 몰랐다. 하나도 몰랐다. "예수 천당 불신지옥"의 진리를. 신학을 공부하고, 진리를 깨닫고, 목사가 된 후에 가장마음이 아픈 것은 바로 이것, 우리 어머니에게 복음을 전하지 못했다는 것이었다.

비록 그때는 나 자신이 알지 못해서 그랬지만 나를 가장 많이 사랑하셨고 나를 위해서 끝까지 걱정해주신 어머니에게 죽어도 다시사는 생명의 복음을 전하지 못한 것이 두고두고 아픔이 되었다.

신학을 공부하면서 한때는 교육목회의 꿈을 꾸었지만 하나님의은혜로 전도하는 목사님을 만나 전도목사가 되어 전도대를 이끌고복음을 전할 때마다 우리 어머니에게 전하지 못한 "예수 천당 불신지옥"의 진리를 힘차게 외쳤다.

다시는 우리 어머니 같이 알지 못해서 구원받지 못하는 분들이없기를, 다시는 우리 어머니 같이 전하는 사람이 없어서 구원받지못하는 분들이 없기를 바라면서.

"내가 곧 길이요 진리요 생명이니…" (요 14:6)

감사는 이유 있는 밥이다

일본의 뇌성마비 시인 미즈노 겐조(Mizuno Genzo, 937~1984)는 초등학교 4학년 때까지 산과 들을 뛰어다닌 건강한 소년이었다. 1946년 여름, 홍역이 돌아 감염이 되면서 전신마비가 되어 언어의 능력을 잃었다. 겐조가 열두 살 되던 어느 날, 마을의 한 목사님이 겐조의 집에 빵을 사러 왔다가 때마침 겐조를 알게 되어 한 권의 책을 주고 갔는데 그것은 겐조의 일생을 바꾼 성경이었다. 겐조는 매일 성경을 읽으며 자신의 존재를 발견하였고 잃었던 웃음도 되찾았다. 그리고 열네 살에 세례를 받고 백편의 시를 썼다.

자신의 의사를 표현하는 길은 오직 눈 깜빡임밖에 없는데 무려 백여 편의 감동적인 시를 쓴 것이다. 어머니가 일본의 오십음도를 차례대로 짚어 가면 눈 깜빡이는 방식으로 한자 한자의 글을 찾아 수백편의 시가 탄생한 것이다.

그 시를 묶은 책 제목이 "감사는 밥이다"이다. 나는 이 책을 처음 보는 순간 제목이 가슴에 박혔다. 그래 감사는 밥이지. 날마다 먹어야 하는 밥. 이유 없이 먹지만 사실은 나의 생명줄 같은 밥. 그러다가 감사는 밥은 밥이지만 이유 있는 밥이라는 것을 깨달았다. 먹는 사람이 이유가 없이 먹기도 하지만 사실은 모든 밥에는 이유가 있다.

우리의 감사도 그러지 않을까. 우리가 평생 감사하며 살아야 하지만 이유 없는 감사가 어디 있는가. 감사야 이유가 있든 없든 해야 하지만 감사하는 그자체가 바로 이유가 되는 것은 아닐까.

전광 목사가 쓴 "감사가 내 인생의 답이다"라는 책에 이기재 목사님을 소개하고 있다. 이기재 목사님은 총신대 신대원 1학년이던 1975년 교회를 개척하여 30여 년 동안 오직 한길, 목회에 인생을 걸었다. 목사안수를 받고 노회 중진 목사님을 찾아가서 "목사님, 어떻게 하면 목회를 잘 할 수 있습니까?"하고 물었더니 그 분이 방바닥에 누워 "나를 밟아봐"하더란다. 그래서 "아니, 제가 어떻게 목사님을 밟아요?"했더니 껄껄 웃으시면서 "괜찮아, 밟아 봐. 잘 밟혀주는 게 목회 잘하는 거야"하셔서 할 수 없이 몇 번 밟은 일이 있었단다.

그때 이기재 목사님은 "아!! 목회라는 것이 다른 사람들에게 잘 밟혀주는 것이구나"라는 은혜를 가슴에 담았고 그 마음으로 어떤 상황에서도 "이왕 밟힐 거면 감사하면서 밟히자"는 마음으로 오늘까지 목회를 했다는 것이다. 이 역시 이유 있는 감사다.

우리가 인생을 살다보면 밟혀야 할 이유가 없는데도 짓이겨질 정도로 밟힐 때가 있다. 그러나 이유 없어 보이는 밟힘도 이유가 있다고 가르쳐주신 분이 있다. 그분이 바로 우리 주 예수 그리스도이시다. 그분이 십자가에서 짓밟힌 것은 나의 허물과 죄악 때문이라는 것을 나는 얼마 만에야 알게 되었는가 말이다.

여기 억울해 보일 정도의 짓밟힘 속에서도 믿음의 꽃을 피운 한 사람을 소개하고자 한다. 그분은 바로 고(故) 강영우 박사다. 그는 중학교 때 사고로 실명하였고, 뒤이어 모친과 누나를 잃고 일찍이 맹인 소년가장이 되었다.

그러나 미국에서 대학을 졸업하고 미국정부에서 중요한 직책까지 맡았다. 그가 췌장암으로 세상을 떠나기 전에 지인들에게 유서 같은 편지를 보냈는데 그 일부를 소개하면 "나는 두 눈을 잃었지만 한평생 살면서 너무나 많은 것을 얻었습니다. 최근 여러 번 수술을 받았지만 앞으로 제게 허락된 시간이 길지 않다는 것이 의료진들의 의견입니다. 여러분들이 저로 인하여 슬퍼하거나 안타까워하지 않으셨으면 좋겠습니다. 아시다시피 저는 누구보다도 행복하고 축복받은 삶을 살아오지 않았습니까? 하나님의 축복으로 끝까지 주변을 하나 둘씩 정리하고 사랑하는 사람들에게 작별 인사할 시간을 허락받았습니다. 한 분 한 분 찾아뵙고 인사드려야 하겠지만 그렇게 하지 못하는 점, 너그러운 마음으로 이해해 주시기 바랍니다. 여러분으로 인해 제 삶이 더욱 사랑으로 충만했고 은혜로웠습니다. 감사합니다."

나는 강영우박사의 유서같은 편지를 읽으면서 애니 딜라드(Annie Dillard)의 말이 생각났다. "나의 죽는 순간 드리는 기도가 '제발'이 아니라 '감사합니다'가 되어야 한다고 생각한다. 떠날 때 문간에서 손님이 주인에게 감사의 뜻을 표하듯이 말이다."

"범사에 감사하라. 이것이 그리스도 예수 안에서 너희를 향하신 하나님의 뜻이니라." (살전 5:18)

나의 무릎 꿇기

나는 고등학교를 졸업하고 신학교에 입학한 그 해의 가을부터 교육전도사를 시작하면서 목회를 시작했다. 목회를 시작하고 지금까지 세 번, 사람 앞에 무릎을 꿇었다. 한 번은 장로님 앞에서, 두 번은 안수집사님 앞에서. 그리고 한 번은 교육전도사 시절에 두 번은 담임목사 시절에 무릎을 꿇고 용서를 구했다. 제일 먼저 무릎을 꿇었던 이야기를 하려고 한다. 서른두 살, 신대원 1학년, 4월에 서울 어느 교회 교육전도사로 부임했다.

그리고 넉 달이 지나고 내가 맡은 아이들과 함께 여름수련회를 3박 4일 일정으로 갔다. 첫날 수련회를 은혜 중에 마치고 교사들과 모여서 하루 평가를 하고 내일의 일정을 점검했다. 그리고 계획대로 내일 아침 먼저 교사들이 일찍 일어나서 경건회를 하고 아이들을 맞기로 했다. 그런데 안수집사인 부장집사님이 반대했다. 이번 수련회가 아이들 수련회지 교사 수련회냐며 아침 교사 경건회 없이 바로 일정을 진행하자는 것이었다. 분위기는 갑자기 냉랭해졌고 어느 교사도 감히 말하지 못하고 있을 때 이미 세운 계획이기 때문에 계획대로 하기로 하고 교사회를 마쳤다.
그때 부장집사님과 숙소를 함께 쓰고 있었는데 숙소로 돌아오자 먼저 들어온 부장집사님은 등을 돌리고 자는 척(?)했다. 그분은 평

소에 전도사님!! 전도사님!! 하시던 분이었는데 말이다. 나도 대충
씻고 잤다. 아침 교사 경건회에 부장집사님만 나오지 않고 모두 나
왔다. 마음이 무거웠다. 아직도 3일이 남았는데 전도사와 부장이
불편하면 어떻게 수련회를 진행할 수 있겠는가 하는 생각에 마음
이 무거웠다. 경건회를 마치고 돌아오자 세수를 하고 앉아 있는 부
장집사님 앞에 무릎을 꿇었다. 그리고는 "집사님!! 저는 젊습니
다. 제가 잘못한 것이 있으면 말씀해주세요." "아아아~~~ 전도
사님 왜 그러세요. 전도사님 뭘 잘못하셨다구요!" 아!! 우리는 그
렇게 화해를 했고 나머지 수련회는 잊을 수 없는 행복한 수련회가
되었다.

　30년 전의 일이지만 뒤 돌아보면 내 나이 서른두 살에… 누가 가
르쳐 준 것도, 누구에게 배운 것도 아닌데 어떻게 그렇게 할 수 있
었을까를 생각하면 스스로 대견하기도 하다. 그 후로도 나에게는
두 번 더 무릎을 꿇는 일이 일어났다. 그리고 그때마다 모든 문제
는 아이스크림 녹듯 달콤하게 해결되었다. 나는 지금도 고백한다.
하나님~~ 제가 서른두 살에 무릎을 꿇었던 그 첫 마음으로 성도
를 사랑하고 화목을 제일로 삼게 해달라고. 그리고 우리 성도들에
게는 부탁한다. 여러분의 담임목사가 여러분 앞에 무릎 꿇는 일이
없도록 도와달라고.

　"그러므로 예물을 제단에 드리려다가 거기서 네 형제에게 원망
들을 만한 일이 있는 것이 생각나거든 예물을 제단 앞에 두고 먼저
가서 형제와 화목하고 그 후에 와서 예물을 드리라."(마 5:23~24)

나는 '국돌이' 였습니다

신학교 한끼 식사가 350원이었던 때, 하루 세끼를 다 먹는다는 것이 사치 같은 시절이었다.

가끔 어느 교회에서 점심을 공짜로 주는 날은 말 그대로 공짜에 특식이었다. 그렇게 한 학기를 어렵게 버티고 있는데 선배 전도사님이 나를 기숙사 부서기로 추천해 주었다.

부서기가 하는 일은 하루 세끼 밥을 먹는 학생들의 배식판에 국을 떠주고(일명 국돌이) 학생들이 제출한 식권을 세어서 기숙사 서기 전도사님에게 전달하는 일이었다.

그러면 하루 세끼를 공짜로 먹을 수 있었고 가끔 요리사 집사님들이 남겨놓은 특식을 식사 후에 먹는 호사까지 누리는 자리였다. 그렇게 1학년 2학기부터 2학년 1학기까지 1년 동안 기숙사에서 부서기, 국돌이를 했다.

그리고 군대를 갔고 복학을 하고 졸업을 했다. 그리고 시간이 흘렀다. 가끔 어디서 나를 본 선후배 목사님들은 "으응~~ 국돌이" 신학교 다닐 때 존재감이 없었던 나를 그분들은 고맙게도 '국돌이'로 기억하고 있었다. 무려 30대 후반까지 말이다. 나는 국돌이였던 그 시절의 은혜를 잊지 않으려고 광주에 온 다음해부터 매년 한번씩 8년째 호남신학대학교 교직원과 학생들 점심을 섬겼다. 그리고 국돌이의 은혜가 희미해지면… "하나님~~ 저는 국돌이였습니다"를 되씹어 본다.

사실 한 사람의 성장과 성숙에는 그 이면에 많은 사람들의 슬픔과 고생, 그리고 돌보심과 은혜를 바닥에 두고 있다. 그래서 바울은 나의 나됨은 오직 하나님의 은혜(고전15:10)라고 소리치고 있는 것이 아닌가!

우리 교단에서 전무후무하게 총회장을 세 번이나 섬겼던 마부출신 이자익 목사님이 평생 동안 외쳤던 고백이 바로 "하나님 저는 마부출신입니다"였다.

부끄럽기도 하고 감추고 싶은 과거이지만 그 과거를 잊는 순간 우리는 당연히 기억해야 할 올챙이 시절을 건너뛰고 오늘의 개구리만 생각하는 교만에 빠지게 된다.

한평생을 인도 선교에 헌신하여 인도 선교의 아버지로 불리우는 윌리엄 케리, 그가 평생 가슴에 담고 살았던 말은 "하나님 나는 벌레 같은 사람입니다"였다. 죽기 전에 스스로 만든 비문에도 "윌리엄 케리 1761년생, 죄 많고 약하고 능력 없는 벌레인 나는 당신의 긍휼하신 거룩한 손에 기대어 여기 잠들었습니다"라고 썼다.

야곱은 20년의 밧단아람의 생활을 정리하고 고향으로 돌아올 때 자기 앞을 가로막는 형 에서의 4백 명의 사람 앞에서 하나님 앞에 간절히 기도하면서 아주 중요한 고백을 한다. "나는 지팡이만 가지고 이 요단을 건넜더니 지금은 두 떼나 이루었나이다."(창 32:10) 얼마나 분명하고 정확한 신앙고백인가. 아버지 집을 도망치듯 나올 때 야곱에게는 지팡이 하나가 전부였다.

그런데 하나님은 거지같은 야곱을 두 떼를 이룰 정도의 부를 이루게 했다. 야곱은 위기의 그 순간에 지팡이뿐이었던 자신의 과거를 소환하며 하나님께 감사하고 있다.

등 따습고 배부르면 내 능력과 내 손의 힘으로 부자가 되었다(신 8:17)고 말하는 우리의 교만함을 어찌할꼬. "하나님 나는 국돌이였습니다.", "하나님 저는 마부 출신입니다." "하나님 나는 지팡이 하나로 시작한 거렁뱅이였습니다"라는 기억을 소환하여 고백하면 어떨까.

"교만에 비하면 다른 죄들은 벼룩에 물린 자국과 같다."(C.S 루이스)

"네 하나님 여호와를 기억하라 그가 네게 재물 얻을 능력을 주셨음이라."(신 8:18)

나의 영어(英語) 사랑이야기

대한민국에 살면서 영어를 잘해보고 싶지 않은 사람이 어디 있을까? 내가 처음 영어를 만난 때는 중학교 1학년, 검정고무신을 벗고 검정운동화를 신고 검정모자에 검정 교복을 입고 부터이다. 몇 줄이 그어진 영어노트에 영어 대문자와 소문자를 구별하여 쓰는 것은 결코 쉽지 않았다. 내 기억으로는 우리 반이 70여 명 되었는데 영어 철자 25개 대소문자를 흑판에 완벽하게 쓴 때는 중학교 1학기를 시작하고 한 달이 지날 때까지 딱 한명 뿐이었다. 그때 우리는 그런 모습이 당연하다고 여겼고 대소문자를 하나도 틀리지 않고 쓰는 친구를 모두 대견하게 바라보았다. 그렇게 시작한 영어는 중학교 3년, 고등학교 3년, 신학교에서 4년을 공부했다. 그렇게 10년을 공부했으면 독서의 기본인 읽기 말하기 듣기는 좀 자유스러워야 할 텐데 여전히 걸음마 수준임이 안타깝다.

나는 영어를 잘하고 싶었다. 그래서 고등학교 때는 영어책 지문을 뒤쪽의 해석을 보면서 달달 외웠다. 신학교를 졸업하고 스물여덟살의 나이에 대학에 들어갔는데 전공을 영어영문학을 했다. 4년 동안 거의 원서만 들고 다녔는데 불행하게도 읽어야 할 부분만 읽어서 그 부분만 시커멓게 표시가 나는 그런 원서였다. 대학 1,2학년 때는 영어회화가 필수였다. 그래서 학교에서 그리고 학원에 등록하여 정말 열심히 열심히 영어회화를 공부했다. 그때는 말 그대로 일취월장하는 것 같았다. 그런데 문제는 2년을 하고 그만두었다. 영어회화는 2학년 때까지만 필수가 되었고 내가 목표로 하는 신대원 입시와는 전혀 무관하였기 때문이었다.

그렇게 세월이 흘러 신대원을 졸업하고 여수에서 부목사 사역을 할 때 마침 여수역 앞에 영어회화 학원이 있어서 새벽예배를 마치고 학원을 다녔다. 그 새벽반에는 십여 명 정도의 학생들이 있었는데 따라갈만했다. 그런데 두 달을 다니다가 그만 두었다. 너무 피곤했다. 그게 전부였다. 그리고 약 14년이 지나고 광주에서 사역을 하면서 영어에 대한 사모함에 사무쳐서 광주 첨단에 있는 영어회화 학원에 등록 했다. 두 달분 강의료를 선입금 하면서 내 열정에 불을 질렀다. 그러나 나는 두 주간을 다니다 그만두었다. 새벽같이 달려온 자리였지만 학생들과의 수준 차이로 인하여 스트레스가 이만저만 아니었다. 그래서 두 주간을 다니고 나서 한 달 분은 돌려 받고 그만 두었다.

그러나 단기선교나 성지순례를 가면 어디서나 사용하는 것이 영어이기에 가기 전과 다녀온 후에는 다시 시작해야만 하는 엉뚱한 의무와 책임이 다시 영어 공부에 대한 용기를 가져다 주었다. 그러던 어느 날, 첨단에서 규모 있게 영어회화학원을 하는 분이 교회에 등록했다. 그래서 그 분을 선생삼아 우리교회 부목사님들과 교회에서 영어회화를 시작했다. 처음 약속이 무슨 일이 있어도 6개월은 한다는 것이었기에 매주 한번씩 6개월 동안 아주 편하고 쉽게 공부를 했다. 많이 배웠고 실력이 눈에 뜨게 늘었다. 그런데 또 이런저런 이유로 중단했다. 내가 지금도 영어가 들리지 않는 이유는 단 한가지다. 계속하지 않았기 때문이다.

예수 믿는 것도 이런 것이리라. 예수를 한 두주, 예배를 한 두달 드렸다고 해서 사람이 그렇게 변하는 것이 아니다. 잘 몰라도, 졸려도, 무슨 말인지 들리지 않아도 꾸준히, 쉬지 않고 예배하고 성경을 읽으면서 우리는 하나님을 알아가고 만나가는 것이다. 자전거는 구르지 않으면 넘어지는 것처럼 걷지 않으면 우리의 믿음과 신앙도 넘어질 수밖에 없다.

어느 교회에서 부흥회를 했는데 부흥강사님이 성도들에게 아주 쉬운 숙제를 내주었단다. 성경을 날마다 5분씩만 읽어보자고. 성도들은 5분, 그 정도는 할 수 있다고 약속을 했단다. 하루 1440분 중에 5분인데 그걸 못해. 그러나 습관이 되어 있지 않는 사람에게 하루 5분은 50분이나 5시간처럼 길고 지루하고 어렵다. 오늘도 하루 5분, 주님을 기억하고 주님과 동행하고 주님의 사랑의 편지를 읽어보자. 쉬지 말고, 핑계대지 말고. 그러면 주님과의 읽기 듣기 말하기는 막힘이 없을 것이다.

"내가 날마다 주를 송축하며 영원히 주의 이름을 송축하리이다."(시 145:2)

은혜는 겨울철에 자라난다

　서울 금호교회 이화영 목사님은 지난 5월, 사랑하는 아내가 급성골수성백혈병으로 천국으로 떠난 후 "나는 아내의 손을 놓았습니다."라는 시집을 출간했다. 아내가 아프기 전에 썼던 시도 있지만 대부분은 1년 동안의 투병 생활 중에 목사님과 사모님의 절절하고도 가슴 아픈 사랑과 이별의 시로 엮었다.

　그 중에 "해 봐야 안다."라는 시를 소개한다. "아파봐야 한다. / 오래 / 오랫동안 아파봐야 한다. / 그래야 인간의 한계를 안다 / 입원해 봐야 한다. / 오래 / 오랫동안 입원해 봐야 한다./ 그래야 사람의 무지를 안다. / 소변 줄을 차 봐야 한다. / 오래 / 오랫동안 차 봐야 한다. /그래야 일상의 소중함을 안다. (중략) 밤새 신음소리를 들어 봐야 한다. /오래 / 오랫동안 들어봐야 한다. /그래야 평안이 뭔지를 안다. / 몸이 부어 봐야 안다. /오래 / 오랫동안 부어 봐야 안다. / 그래야 참된 기도를 안다."

　그래 해봐야 안다. 가봐야 알고 아파봐야 알고 사랑하는 사람을 잃어봐야 안다. 이화영 목사님은 그 시집에서 예일대학교 철학과 교수를 지낸 스콜라스 월터스토프 교수가 쓴 "나는 사랑하는 사람을 잃었습니다."라는 책을 소개했다.

평화롭고 화창한 어느 날 오후 전화가 왔다. 스물다섯 살인 그의 아들 에릭이 등반사고로 죽었다는 전화였다. 그의 아들은 민첩하고 영리했으며 과학과 수학에도 탁월한 재능을 지닌 아들이었다. 훌륭한 화가이기도 했던 에릭은 도예에도 소질이 있었고 음악에 대한 풍부한 지식을 갖춘 좋은 연주가이기도 했다. 게다가 하나님께 감사할 줄 아는 귀와 마음의 소유자였다. 그런데 이런 아들이 죽었다는 것이다. 그는 아들을 잃은 상실의 아픔을 이렇게 썼다.

"이제 에릭은 없다. 집에도 없다. 방에도 없고, 교회 가도 없고, 학교에도 없고, 도서관에도 없고 어디서도 에릭을 찾을 수 없다. 잘못되었다. 참으로 잘못되었다. 자식이 부모를 앞서 먼저 죽는다는 것은 정말 말도 안되는 일이다. 자식으로서 부모를 묻는 것만도 쉽지 않은 일인 것을…. 어떻게 내 손으로 내 아들을, 내 미래를 땅에 묻을 수 있단 말인가? 그가 나를 묻어야 할 사람인데… 세상에 구멍이 뚫렸다."

월터스토프 교수는 이 책을 쓴 목적은 사랑하는 자식을 잃고 보니 사랑하는 이들을 잃은 사람들이 보였고 그들의 고통 소리가 들렸다는 것이다. 그래서 사랑하는 사람을 잃고 통곡하는 사람들을 위로하기 위해서 썼다고 했다. 그렇다. 아파봐야 아픈 사람들이 보인다. 잃어봐야 잃어버린 사람들의 통곡이 들린다.

여기서 월터스토프 교수는 아주 중요한 말을 한다. "예수님은 우리를 죄로부터 구원하시기 위해서 오셨다. 그러나 꼭 죄만인가? 꼭 죄에서만 우리를 구원하기 위해서 오셨는가? 아니다. 예수님은 죄로부터만 아니라 고통, 고통으로부터도 구원하시기 위해서 오셨다."

그렇다. 예수님은 우리를 죄로부터 구원하시러 오셨을 뿐만 아니라 육체를 가진 인간이기에 당하는 헤아릴 수 없는 고통으로부터 우리를 구원하기 위해서 친히 십자가에 고통을 당하신 것이다. 오늘도 구원은 받았지만 살아 있기 때문에 하늘이 두 동강난 것 같은 고통 속에 있는 분들, 오늘도 참고 인내하며 코로나 19의 고난의 길을 함께 걷고 있는 우리 모두에게 세 가지 말을 들려주고 싶다.

"은혜는 겨울철에 자라난다." 이 말은 삼성홈플러스 회장을 역임하고 지금은 숙명학원 이사장으로 섬기고 있는 이승한 박사의 말이다. "괜찮아! 상처도 꽃잎이야." 이 말은 사랑의 시인으로 알려진 이정하 시인의 시집 제목이다.

"그가 찔림은 우리의 허물 때문이요 그가 상함은 우리의 죄악 때문이라."(사 53:5)
이 말씀은 그분의 말씀이다. 하나님 감사합니다.

고난은 '하나님의 일식현상' 이다

연애시절, 지금의 아내와 삼백 여 통의 연서(戀書)를 주고 받았다. 그 연서는 학업에 지친 나를 깨우는 청량음료였다. 연서를 받으면 혼자만의 공간으로 가서 기도했다. 그리고 칼과 자를 이용하여 반듯하게 가르고 떨림으로 편지를 읽었다. 지금은 책을 구입해서 받아볼 때 그 마음이다. 새 책이든 중고 책이든 포장지를 뜯고 배달된 책의 첫 장을 넘기고 사인을 할 때면 그때 그 설레임이 작동 한다. 송병주 목사님이 쓴 "오후 5시에 온 사람"은 그렇게 시작되었다.

송 목사님의 이야기다. 아버지가 가꾸시던 과수원을 세 배로 확장하는 과감한 투자를 감행한 해에 서리가 예년보다 3주나 빨리 내렸다. 그해 농사는 엉망이 되었고, 우리는 엄청난 손해를 보았다. 간신히 그 해를 마무리하며 '올해는 좋은 일이 있을 거야!' 라는 기대감을 갖고 새해를 시작했지만, 생신 선물로 해드린 건강검진에서 아버지는 간암 말기 판정을 받으셨다. 그래도 살아야 한다는 의지와 소망을 안고 힘을 다하려 다짐할 때, IMF 사태가 터지며 모든 것이 무너졌다. 막내 여동생 결혼은 보셔야 하지 않을까 싶어 서둘러 결혼 날짜를 잡았지만 결혼식을 얼마 남기지 않고 아버지는 결국 떠나버리셨다. 우리는 눈물을 참아내며 혼인예배를 드려야 했다. 이후 아버지의 명예를 위해 남은 빚을 억척같이 정리하신 어머니가 "얘, 이제는 행복하게 살 일만 남았구나"하셨는데, 얼마 지나지 않아 뇌종양 말기 진단을 받으셨고 대학원 진학을 앞두고 토플 시험과 서류를 준비하던 시기에 어머니는 결국 세상을 떠나셨다. 어머니의 장례를 마치고 미국으로 돌아와 마음을 다잡고 다시 공부를 시작하려고 할 즈음, 늦게 얻은 막내아들이 자폐증인 것을 알게 되었다. 그때는 정말 그동안 인내하며 버텨왔던 삶의 무게가 쓰나미처럼 한꺼번에 나를 덮쳐오는 것 같았다.

내가 경험한 하나님은 이렇게 항상 지각하거나 조퇴하는 분이셨다. 입장이 난처해지면 묵비권을 행사하시고, 더 애매해지면 무단으로 조퇴하며 버티는 분이셨다. 하다하다 안되면 "미안하다, 사랑한다"라며 TV드라마 제목 같은 말이나 던져주는 분이셨다. 그래서 나는 하나님을 '때가 차매'의 하나님이 아니라 '때를 놓치매'의 하나님이라고 부르곤 했다.

이런 일이 어찌 송 목사님에게만 있겠는가? 그래서 시편기자는 우리의 연수는 수고와 슬픔뿐이라고 하지 않았던가. 그 책에 소개된 또 다른 이야기이다. 새벽기도라고는 나와 본 적 없는 자매가 평생 처음으로 자녀들을 위한 특별새벽기도회에 참석했다. 일주일을 개근했다면서 토요일 아침에 밝게 웃으며 돌아가던 얼굴을 본 게 불과 몇 시간 전이었다.

한 통의 전화가 걸려 왔고, 전화를 받는 순간 말이 나오지 않았다. "목사님, 우리 아들 지민이가 죽는대요. 어떻게 하면 좋아요?" 정신없이 응급실로 뛰어 들어갔지만 이미 아이는 주님 품으로 떠난 뒤였다. 온 가족이 함께 수영장에 갔다가 그만 사고를 당한 것이다.

장례가 끝나고 얼마 후 자매는 '왜'라는 질문과 '누구'라는 질문을 가지고 나를 찾아왔다. "목사님, 왜 이런 일이…. 도대체 누가 범인입니까? 하나님이에요, 아니면 사탄이에요? 둘 다 아니라면 대체 누가 범인입니까? 하나님이 범인이 아니라면 하나님은 그때 뭘 하고 계셨답니까? 하나님은 인간을 만드시고 사랑하신다면서 왜 이렇게 고통스럽게 하시는 겁니까? 하나님은 대체 어디에 계신가요? 목사님, 저는 반드시 범인을 찾을 겁니다. 일주일 특별새벽기도회를 섬겼는데, 이런 응답을 받기 위해 일주일을 기도한 것이었군요. 이제 저는 앞으로 기도하지 못할 것 같습니다."

내가 할 수 있었던 것은 그저 같이 우는 것밖에 없었다. 왜냐하면, 그건 바로 내가 했던 질문이었기 때문이다. "그래요. 죽는 날까지 하나님을 원망해봅시다. 하지만 부탁하고 싶은 게 있어요. 죽음을 붙들지 말고, 소망을 붙들어요." 이것밖에는 나눌 수 있는 말이 없었다. 그 부부는 이후 일 년간 우리 부부와 일대일 양육을 했다. 그리고 제자훈련이 끝나갈 무렵 부부가 고백했다. "이제 하나님께 감사할 수 있습니다." 자매가 그 말을 꺼내는 순간 우리는 같이 울었다. 그리고 하나님의 말씀이 이런 고백을 할 수 있게 했다고.

코로나19의 중심을 지나면서 혹시 하나님을 '지각하시는 하나님'이나 '조퇴하시는 하나님'으로 느끼고 있지는 않은가? 유대인 신학자 마틴 부버는 인간이 고난 당할 때 아무리 찾아도 보이지 않는 하나님을 '하나님의 일식'이라고 표현했다. 일식은 태양이 달 뒤에 숨어서 어두운 상태를 말한다. 일식으로 인해서 태양이 보이지 않는다고 해서 죽은 것이나 빛의 능력을 상실한 것이 아니다. 마찬가지다. 우리의 죄로 인하여 하나님이 없어 보이는 듯 하지만 하나님은 살아계셔서 오늘도, 지금도 우주만물을 다스리고 계신다.

   "이 말씀은 나의 고난 중에 위로라 주의 말씀이 나를 살리셨기 때문입니다."(시 119:50)

그래도 감사합니다

책과의 만남은 언제나 향기롭고 섭리적 은혜가 있다. 교회에서 두 달에 한권씩 추천 도서를 선정하는데 성도들의 신앙생활에 도움이 되는 쉽고 은혜로운 책을 정하려다 보니 그것 또한 쉽지 않다. 지난 주 지나가듯 서점에 들른 나의 고민을 주님이 꿰뚫어 보셨는지 "그래도 감사합니다"라는 책을 눈에 가져다 주셨다. 사실 제목이 맘에 들었다. 그리고 단숨에 그 책에 등장하는 20명의 삶을 훑었다. 고단한 인생을 감사로 살아낸 20명의 사람 중에 두 사람을 소개한다.

첫 번째 사람은 고(故) 장영희 서강대 영문학과 교수 이야기다.
장영희 교수는 생후 1년이 되던 해에 소아마비로 고열을 앓아서 평생 두 다리와 오른손을 쓰지 못하는 장애인으로 살았다. 어릴 때부터 장애인의 편견 속에서 많은 상처를 받았는데 어느 날 평생의 격려가 되는 엿장수를 만난다. 지나가던 엿장수는 두 다리를 쓰지 못하는 어린 장영희를 힐끗 보더니 깨엿 두 개를 주면서 "괜찮아" 하고 지나갔다. 무엇이 괜찮다는 것인지. 돈 없이 깨엿을 공짜로 받아도 괜찮다는 것인지, 아니면 목발을 짚고 살아도 괜찮다는 말인지… 하지만 그것은 중요하지 않았다. 그날 어린 장영희는 마음에 결정을 했다. 이 세상은 그런대로 살만한 곳이고 좋은 친구들이 있고 선의와 사랑이 있는 괜찮은 곳이라고….

장영희는 대학시험조차 볼 수 없는 차별 속에서도 서강대학교 영문학 과장이었던 브루닉 신부의 배려로 시험을 치르고 합격하고 대학원까지 졸업을 하고나서 미국 주립대학교 박사과정에 들어간다.

6년 후, 심사만 남겨놓은 완성된 논문이 들어 있는 가방을 여행 중에 도둑을 맞고는 그 자리에서 기절을 하고 절망 속에서 5일을 지난 후 어릴 때 엿장수 아저씨의 "괜찮아"라는 울림의 진동으로 다시 시작한다. 그리고 1년 동안 노력하여 더 훌륭한 논문을 완성하고는 박사논문 헌사에서 "내 논문 원고를 훔쳐 가서 내게 삶에서 가장 중요한 교훈, '다시 시작하는 법'을 가르쳐준 도둑에 감사합니다"라고 썼다.

박사학위를 받고 서강대학에서 교수를 하다 암으로 57세에 세상을 떠나는데 장교수는 세상을 떠나기 얼마 전에 엄마에게 감사편지를 썼다. "엄마, 미안해 이렇게 엄마를 먼저 떠나게 돼서..(중략) 엄마 딸이라서 참 좋았어. (후략)" 이 편지는 네 문장으로 되어 있는데 기력이 소진된 장교수는 사흘에 걸쳐서 완성했다고 한다. 천형(天刑) 같은 삶을 천혜(天惠) 삶으로 살았던 장영희교수. '그래도 감사합니다' 라는 감사의 아린 정겨움을 온 맘으로 느껴 본다.

두 번째 사람은 이어령 교수 이야기다.

평론가, 언론인, 교수, 초대 문화부장관 등등 다양한 영역에서 종횡무진 활약해 온 그는 명실상부한 현존하는 국보급 인물이다. 철저한 무신론자였던 그가 지성을 사닥다리 삼아 영성으로 끌어올리신 하나님의 이끄심은 기가 막힌 은혜였다. 하나님은 그의 차가운 지성을 무너뜨리는 도구로 사랑하는 딸의 육체의 질병을 사용하셨다. 이화여대를 졸업하고 미국에 유학해 로스쿨을 수료한 후 캘리포니아 주 검사로 활동하던 이민아는 특수 자폐증에 걸린 유치원생 작은 아들을 고치기 위해 울부짖다가 주님을 영접한다. 아들을 치료하기 위해서 하와이로 이주했는데 이민아는 그곳에서 망막이 손상되어 실명위기에 처했다. 한걸음으로 달려온 아버지 이어령에게 "아빠가 교회에 나가시는 모습을 제 두 눈으로 보는게 소원이에요."라고 말한다. 아버지 이어령은 딸의 소원에 하와이 작은 교회에 출석하게 된다. 그리고 2007년 7월 도쿄의 한 호텔에서 돌아가신 하용조목사에게 세례를 받는다. 그 사이 이민아는 2009년 목사안수를 받고 남미와 아프리카 여러 나라들을 돌며 마약과 술에 빠진 청소년 구제활동에 전념했다. 그러던 2011년 5월 위암 말기를 선고받고 투병하다 1년을 넘기지 못하고 운명한다. "아픈 딸을 먼저 보내면서 신을 깊이 만나게 되었고 지금도 그분 옆에 행복하게 지내고 있을 딸을 생각하면 주님께 너무 감사합니다."

고난을 통해서 지성을 넘어 영성의 구원에 이르는 은혜에 도달한 것이다.

감사의 달 11월. 평생감사, 날마다 감사, 분초마다 감사하며 살아갑시다.

"감사와 행복은 함께 가므로 감사하지 않는 행복한 사람 없고 감사하는 불행한 사람 없다." 지그 지글러(Zig Ziglar)

"여호와께 감사하라. 그는 선하시며 인자하심이 영원함이로다." (시 107편 1절)

나의 위로가 되었던 사람들

이해인 수녀는 '감사예찬'이라는 시에서 "감사만이 꽃길이고, 감사만이 보석이고, 감사만이 기도"라고 노래한다. 또 '감사와 행복'이라는 시에서는 "내 하루의 처음과 마지막 기도 / 한 해의 처음과 마지막 기도 / 그리고 내 생애의 처음과 마지막 기도는 / '감사합니다'라는 말이 되도록 / 감사를 하나의 숨결 같은 노래로 부르고 싶다"고 고백한다. 17세기 영국의 저명한 전기 작가인 아이작 월튼(Izaak Walton)은 "신이 거주하는 데는 두 곳이 있는데 한 곳은 천국이고 다른 한 곳은 감사하는 마음"이라고 했다. 그래서 그런가 하나님께 감사할 때 천국을 보고, 사람 앞에 감사할 때 역시 천국이 보인다.

어릴 때 우리 집 형편은 어려웠다. 그 당시 어렵지 않은 가정이 어디 있으랴만은 우리 집은 많이 어려웠다. 중학교 다닐 때 학교에서 일 년에 한 두 차례 불우이웃돕기를 위한 쌀 모으기 행사를 했다. 며칠 후 학교가 끝나고 집에 오면 학교에서 가져다 준 쌀이 마루에 놓여 있을 정도로 우리 집은 불우이웃이었다. 나는 그 형편에 고등학교를 졸업하고 신학을 시작했다. 그렇게 나는 하나님의 은혜로 그리고 사람들의 섬김으로 신학을 마치고 목사가 되었다. 내가 오늘 여기에 있기까지는 너무도 분명하신 하나님의 은혜와 그리고 그 은혜를 받은 사람들의 섬김이 있음을 고백하면서 그분들 에게 다시 한 번 감사하고 싶다. 추수감사절을 지내면서 내가 사람에게서 받았던 수많은 은혜 중에 두 가지를 소개하려고 한다. 신학교를 졸업하고 전라남도 진도군에 있는 전형적인 미자립 교회인 진도성광교회에서 4년을 담임전도사로 섬기면서 광주로 대학을 다녔다. 그리고 하나님의 은혜로 서울에 있는 신대원에 진학은 했는데 한 학기 90만원에서 백만 원하는 등록금을 준비할 수가 없었다. 그런데 지금은 목사가 된 서울에 사는 누님 아들이 직장에 들어가서 받은 첫 월급을 첫 열매를 드리고 싶다고 백만원을 가져와서 첫 학기 등록금이 기적같이 해결되었다. 나는 신대원 1학년, 4월부터 화곡동 교회(현재는 치유하는 교회) 교육전도사를 했는데 그 교회 브리스가 여전도회에서 1학년 2학기부터 3학년 2학기까지 다섯 번의 학비를 책임져 주셨다. 어찌 이런 일이. 그래서 나는 '브리스가' 라는 단어만 들어도 가슴이 설레이고 따뜻하다.

앞에서 말한 것처럼 진도에서 4년의 사역을 마치고 교회를 화곡동교회로 옮겼다. 진도에서 이사를 했는데 장신대 근처로 가지 못하고 고향인 전라북도 김제역 맞은편 단칸방에 들어갔다. 이유는 단 하나, 서울로 이사 갈 돈이 없었다. 그렇게 6개월을 서울에서 주일 오후에 사역을 마치고 김제에 내려와서 월요일 저녁에 올라가는 생활을 했다. 그러다가 경기도 미금으로 이사를 했다. 미금시는 지금은 남양주시로 편입되어 그 도시의 이름이 사라졌지만 버스 한번을 타면 학교에 갈수 있는 곳이라서 경기도 구리시나 미금시에는 장신대학생들이 많았다. 화곡동교회에서 아동부를 담당하고 있을 때 하루는 부서 총무집사님이 만나자고 하더니 "전도사님! 다음 달부터 전도사님의 사글세는 저희 가정에서 섬기겠습니다." 그렇게 시작된 집사님의 섬김은 첫해에 13만 원, 두 번째 해에 15만 원. 세 번째 해에는 17만 원으로 월세가 2만 원씩 올라갈 때마다 올려서 섬겨주셨다. 몇째 주인지는 생각나지 않지만 월세를 섬기는 주가 되면 교사들이 모두 가기를 기다렸다가 교회 주보에 봉투를 살며시 끼워서 수줍은 듯 내 옆에 내려놓고 가셨다. 나는 그 집사님 가정의 섬김으로 2년 반 동안 사글세를 걱정하지 않아도 되었다.

시간이 지나 신대원을 졸업하고 화곡동교회를 떠나 전임전도사 그리고 부목사를 거쳐 담임목사가 되었는데 문득 문득 그분들이 생각이 났다. 어느 교회 부목사로 있을 때 화곡동교회 헌신예배에 초청을 받아 방문할 기회가 있었다. 이제는 나이가 든 그때 그 시절의 브리스가 여전도회 임역원들과 반가운 재회를 했다. 그리고 그때의 섬김에 진심으로 감사를 표했다. 그런데 사글세를 주던 집사님 가정은 사정이 있어 교회를 옮겨서 소식을 알 수가 없었다. 몇 년 전 서부지역 장로수련회 세미나 인도를 했는데 그곳에서 한 장로님을 만나서 사글세를 섬겨주던 집사님 소식을 들었다. 그리고 26년 만에 통화를 했다. 서울 어느 교회 장로님 권사님이 되어 은혜로 섬기고 있었다. 그리고 내가 그때를 회상하며 감사를 전하자 겸손하게도 그런 일이 있었느냐 자기들은 잊었다며 웃었다. 여전히 오직 은혜와 감사로 섬기는 그 모습이 아름다웠다.

대추 한 알도 태풍 몇 개, 천둥 몇 개, 벼락 몇 개를 맞은 이후에 붉은 대추가 되는데 하물며 한 사람이 그저 만들어지랴. 그래서 나를 나 되게 하신 하나님과 사람에 전심으로 감사한다. 그리고 그 받은 사랑을 하나님과 사람들에게 흘러 보내는 삶을 살기로 다짐

해본다.

"이런 사람들이 나의 위로가 되었느니라."(골 4:11)

내가 남길 영적 유언이 있습니까?

　나는 우리 부모님께 받은 신앙의 유언은 없다. 물론 평소에 하신 말씀이 유언이라면 유언이겠지만 신앙적인 유언은 받은 적이 없다. 하나님을 알지 못했던 우리 어머니는 49년의 삶을 마감하시기 전에 몇 번에 걸쳐 하셨던 말씀이 있었다. 내가 죽으면 관을 대나무 관으로 해달라고 하셨다. 그리고 제사를 지낼 때는 담배와 돼지고기를 꼭 올려달라고 말씀하셨다. 유언이라기 보다는 평소에 하셨던 말씀이었기에 어머니가 돌아가신 후 자식들은 그대로 해드렸다. 교회를 섬기면서 부모의 신앙적 유언이 얼마나 중요한지를 성도들의 삶을 통해서 다시 확인하는데 내가 겪은 두 가지 이야기를 통해서 우리가 남길 영적 유언이 얼마나 중요한지를 다시 확인하고자 한다.

　첫 번째 이야기는 경기도 부천에서 전임 전도사 시절, 담임목사님이 귀에 딱지가 붙도록 말씀하신 이야기이다. 언제나 교회의 자리를 지키며 예배자로서의 삶을 살아가는 할머니 집사님이 있었단다. 어느 주일, 그날도 손자의 손을 잡고 교회에 오신 집사님은 담임목사님을 보고 "인사해라. 인사해라. 우리교회 담임목사님이시다."

　그렇게 주일이 지나고 다음날이 되었는데 자녀들에게서 연락이 왔다. 어머니께서 돌아가셨다고. 부랴부랴 집에 가보니 자녀들이 장례식 치를 준비를 하고 있었는데 큰 아들이 어머니의 유언이라며 들려주었다. 첫째, 내 몸에 손도 대지 마라. 담임목사님을 불러서 모든 장례식 절차를 상의하고 그분에게 내 육체를 맡겨라. 둘째, 너희 모두 예수 잘 믿어라. 그래서 천국에서 다시 만나자. 이두 가지를 유언하고 돌아가셨으니 목사님께서 우리 어머니의 장례식을 치러주셔야 겠습니다라고 하더란다. 목사님은 이 할머니 집사님이 이렇게 유언할 정도의 큰 믿음이 있었는지를 확인하지 못했는데 그런 유언을 하고 돌아가셨다는 말에 감동을 받으셨단다.

지금이야 사람이 죽으면 시신을 장례식장으로 옮기고 그 후의모든 것을 책임져주고 교회는 예배만 드리면 되지만 그때는 목사님이 염하고 입관하는 모든 것을 다 하실 때였다. 목사님은 가족들의 도움으로 할머니 집사님의 장례식을 은혜가운데 치렀고 장례식후 자녀들은 어머니의 유언대로 모두 교회에 출석하여 신앙생활을잘했다는 은혜스러운 이야기이다.

두 번째 이야기는 내가 어느 교회 담임목사로 있을 때의 이야기이다. 부임 후 첫 병원 심방을 서울에 있는 어느 병원으로 갔다. 위암 수술 후 회복의 과정에 있는 집사님이 있다는 말에 서울 병원심방을 간 것이 부임 후 나의 첫 서울 병원 심방이었다. 집사님은 수술 후 그런대로 건강을 회복하고 있었다. 얼마 후 퇴원하여 집으로돌아와서 조금씩 회복을 했는데 하나님의 은혜로 몸도 좋아지고집사님도 신앙생활에 열심이었다. 더군다나 큰 며느리와 손자들이교회에 등록을 하고 세례를 받고 주일예배에 열심히 다녔다. 그렇게 2년 여 정도가 흐른 어느 날, 그 집사님이 돌아가셨다는 것이다. 물론 온전히 회복된 것은 아니기에 늘 조심하며 치료를 하고있었는데 돌아가셨다는 말에 가슴이 아프면서도 미리 알려주었으면 더 좋았을 것을 하는 아쉬움도 있었다. 그런데 장례식장에 가보니 영정 사진 아래에 한 가득 음식이 차려 있었다. 그래도 부부가 우리교회 집사님이고 며느리까지 교회에 나와서 세례 받은 가정인데 어떻게 이럴 수가 있을까 하는 생각이 들었지만 잠시 접어두고 예배를 드렸다. 그리고 사정을 들어보니…아픈 집사님은 신앙적인 특별한 유언을 남기지 않고 돌아가셨다는 것이다. 그러자 큰 아들은 어머니에게 장례식을 어떻게 치를 것인가를 물었고 어머니 집사님은 큰아들에게 "너 좋을 대로 하라"고 하셨다는 것이다. 그래서 큰아들은 자기의 좋은 소견대로 그렇게 장례식을 치르고 있다는 것이었다. 장례식 후 몇 번의 권면이 있었지만 며느리와 손자들은 더 이상 교회에 나오지 않았다.

147년의 파란만장한 삶을 살았던 야곱은 죽음을 앞두고 내가 죽거든 이곳에 장사하지 말고 내 조상의 묘지에 장사하라고 요셉에게 유언한다. 또한 110세에 죽은 요셉도 하나님이 반드시 애굽에서 나가게 하실 것이니 그때에 내 해골을 메고 출애굽하라고 유언을 한다. 야곱이나 요셉이 요즘으로 말하면 무슨 명당을 찾아서 그런 유언을 했겠는가? 아니다. 자신의 유언을 통해서 하나님의 약속을 이루고 그의 후손들이 하나님만 섬기는 백성이 되기를 바라는 간절한 소원이 그런 유언을 하게 한 것이다.

죽음은 이 세상에서의 삶을 마치고 저 세상, 천국에서의 시작을 알리는 시작종과 같은 것이다. 그래서 우리는 오늘 다시 확인해야 한다. 나는 우리 자식들에게 야곱과 요셉 같이 남길 영적유언이 있는지.

"요셉이 또 이스라엘 자손에게 맹세시켜 이르기를 하나님이 반드시 당신들을 돌보시리니 당신들은 여기서 내 해골을 메고 올라가겠다 하라 하였더라." (창 50:25)

하나님! 저 컨닝했어요

　나는 중학교 때 효행상과 선행상을 휩쓸었다. 아픈 어머니를 돌본다는 이유에서다. 고등학교 때 역시 효행상과 선행상 거기다 학업우수상까지 휩쓸었다. 이제는 어머니 돌아가시고 홀로된 아버지를 모신다는 이유였다. 나는 이래저래 어머니 아버지를 팔아 상도 많이 받았다. 동네에서도 마찬가지였다. 어릴 때 말썽꾸러기 자식들을 혼낼 때 친구의 어머니는 나를 앞에 두고 "아이고 이놈아 정원이 반만 해라."하셨다.　밤중에 형들이 친구를 불러 낼 때면 나를 시켜서 불러내곤 했는데 내가 부르면 부모들이 보내주었기 때문이었다. 또한 저녁에 정원이네 집에서 자고 온다고 하면 묻지도 따지지도 않고 보내주었다. 무슨 전설 같은 이야기 같지만 사실이다. 그래서 나는 착한 줄 알았다. 복음을 깨닫기 전에도 나는 나름 열심히 전도를 했는데 예수 믿어 착하게 살자는 것이 나의 전도외침의 소리였으니 참 우습기 그지없다.

　그러나 나라는 존재는 겉으로는 선행과 착함을 하는 것 같았지만 속사람은 남에게 지기 싫어하는 욕심으로 가득했다. 중학교 때 시험을 치르면 선생님들은 앞 번호부터 혹은 뒷 번호부터 번호를 부르고 시험성적을 불러주었다. 공부를 뛰어나게 한 것도 아니면서 나는 우리 동네에 나와 공부를 놓고 경쟁을 벌이는 친구가 있었다. 나는 소심하여 그 친구보다 점수가 높을 때의 기쁨과 낮을 때의 슬픔을 표현하지 못했는데 이 친구는 아주 확실하게 표현을 했다. 한번은 무슨 과목인지는 기억이 나지 않은데 앞 번호부터 부르면서 점수를 불러주었다. 내가 그 친구의 몇 번호 뒤로하여 번호가 있었는데 그 친구는 나보다 5점인가 점수가 높은 것을 확인하고는 손을 앞뒤로 저으면서 "앗사~~~"를 외쳤다. 어린 나이에 말도 못하고 큰 상처가 되었다.

그 후로 나는 저놈만은 이기리라 독하게 다짐을 했다. 그리고 얼마 후 시험시간. 독한 마음을 품고 미리 준비한 컨닝 페이퍼를 교복 윗도리 왼쪽 주머니에 넣고 시험장에 들어갔다. 감시를 하던 미혼이었던 국어 선생님이 밖으로 나가는 것을 확인하고 왼손을 내려 주머니에 넣어서 그 페이퍼를 손에 쥐었다. 그리고 살며시 책상 위에 올려놓고 손바닥으로 가렸다. 잠시 후 선생님은 우리 줄로 오시더니 내 왼손을 그대로 들어 올리셨다. 세상에!!! 그 아래에 컨닝 페이퍼가 있는데…. 현행범이 된 나는 나머지 시험을 어찌 치렀는지 알 수가 없다. 지금 생각해보니 그 선생님은 밖으로 나가서 유리창 너머로 손이 아래로 내려가는 학생을 기다리고 있었는데 나는 그것도 모르고~~~.

어찌되었든 그 후로 동네 그 친구가 나를 부를 때마다 '컨닝스'라고 불렀다. 정말 괴로웠다. 너무 괴로워서 어머니에게 아프다고 거짓말을 하고 결석을 하기도 했는데 다음날 학교에 가자 그 친구는 "너, 내가 놀려먹으니까 아프다고 핑계대고 안 나왔지." "이런 ~~~ 나쁜…." 이것이 내가 중학교 때 겪었던 컨닝에 대한 아픔이다.

나의 컨닝 습관이 완전히 멈춘 것은 대학에 들어가서 부터였다.

신학교를 졸업하고 대학에 입학을 했는데 우리 과에 천주교 수녀 두 사람이 나와 같은 신입생으로 들어왔다. 나는 신학교를 졸업한 기독교 대표 전도사로, 두 수녀는 천주교 대표로, 불신자들이 태반인 학교에서의 나의 자리와 두 수녀의 모습을 보면서 컨닝은 생각조차 할 수가 없었다. 그래서 대학 4년 동안 컨닝이라는 것을 잊고 살았다. 대학을 졸업하고 신대원 1학년 때의 일이다. 그 때에 기도 합주회라는 기도 프로그램이 한창 유행이었는데 친구와 함께 숭실 대학교 강당에서 열리는 기도 합주회에 참석 했다. 강당을 가득 메운 젊은이들은 인도자에 따라서 찬송과 기도 그리고 회개를 반복 했다.

한 청년이 일어나서 "하나님! 나 도둑질 했습니다."라고 고백을 했다. 그러자 모두 "주여!"를 외쳤다. "하나님! 나 거짓말 했습니다." "주여!" 이런 '고백' 과 '주여' 가 몇 번 반복되더니 내 가슴에 불을 지르는 고백이 터졌다. 한 청년이 "하나님! 저 컨닝했습니다." 저는 가슴이 떨어져 나가는 줄 알았다. 컨닝한 것이 공개적인 자리에서 회개를 해야 할만한 죄인지 조차도 알지 못했기 때문이었다. 그날 얼마나 회개를 했던지…. 1992년, 서른두 살의 여름, 그 날 이후 내 기억으로는 컨닝을 한 적이 없다.

지금 생각하면 감사하기 그지없다. 내 힘으로 안 되는 것을 하나님은 환경을 통해 완전히 끊어 놓으셨으니 말이다. 그래서 오늘도 그 가슴 울렸던 말을 다시 외쳐본다. "하나님! 저 컨닝 했어요."

"나의 하나님이여 내가 부끄럽고 낯이 뜨거워서 감히 나의 하나님을 향하여 얼굴을 들지 못하오니 이는 우리 죄악이 많아 정수리에 넘치고 우리 허물이 커서 하늘에 미침이니이다."(스 9:6)

저! 예약했어요!

나는 교회에 부임하면 가장 먼저 찾는 곳 중의 하나가 바로 도서관이다. 여수에 살다가 곡성 옥과교회 담임목사로 부임하고 나서 여기저기 도서관을 다니다가 눈여겨 둔 광주 무등도서관을 찾았다. 무등도서관은 옥과에서 오면 고속도로 초입에 있어서 여러모로 안성맞춤이었다. 첫 방문에서 도서 대출증까지 만들 생각으로 몇 번의 경험을 기억삼아 사진 두 장에 주민등록초본 한 통까지 착실히 떼서 무등도서관에 갔다. 첫 대면이라 낯설어 보였지만 이제 내가 언제나 쉼을 얻어야 하는 곳이라 생각하니 편안했다. 1층 안내실에서 도서대출증을 만든다기에 그곳에서 주소를 적어 제출했는데 담당 직원은 난색을 표명하며 이곳은 시립도서관이라 광주시민이 아니면 대출증을 만들어 줄 수 없다는 것이었다. 그러면서 광주에 살지는 않아도 광주에서 직장을 다니는 증거가 있으면 해줄 수 있단다. 지금생각하면 당연한 처사인데 행정에 익숙하지 못한 나는 예기치 못한 상황이라서 어찌할 바를 모르다가 그냥 열람실로 올라갔다.

아니 내가 준비한게 무엇인데… 서류상으로는 완벽하게 준비했는데 내가 광주시민이 아니라는 단 한가지 이유로 일언지하에 거절당하고 올라오는 내 모습은 어느새 심판대 앞에 서 있었다. 모든 것이 당연히 들어갈 줄 알고 준비할 수 있는 것은 다 준비했건만 그 앞에서 생명책에 이름이 없다는 이유로 되돌아서야 한다면… 정말 아찔했다. 그래 이것이 천국을 준비하는 자들의 마음이구나…. 공부하고 돌아오는 내내 '나는 너희를 도무지 알지 못하노라' 하시는 주님의 말씀이 무엇인지를 알 것 같았다.

비슷한 경험의 이야기이다. 옥과에 시무하면서 장신대 선교대학원을 다녔는데 어쩌다 한 번씩 비행기를 타고 갈 때가 있었다. 그 날도 옥과를 출발해서 광주공항에 도착해서 발권대 앞에 가니 예상대로 대기자 번호에 이름을 쓰라는 것이다. 예약을 하고 싶었지만 교회 사정으로 학교에 가지 못하는 상황이나 버스를 타고 가는 경우가 많았기 때문에 예약을 하지 않고 필요할 때만 바로 가서 이용을 했다. 그러나 지금까지 비행기를 이용하면서 예약하지 않아도 대기자 번호에 이름을 쓰면 모두 타고도 남음이 있었기에 느긋한 마음으로 대기자 명부에 이름을 쓰고 기다렸다. 그런데 그 날 따라 내 뒤에도 사람이 많을 정도로 대기하는 사람이 많았다. 한 사람 한 사람씩 발권을 하더니 세상에~~ 내 이름을 부르더니 "이분까지입니다."

자기 앞에서 문이 닫혔다는 이야기는 많이 들었어도 나까지 들어가고 문이 닫히는 현실 앞에서 감사가 저절로 나왔다. 안도의 한숨을 쉬고 부러워하는 사람들을 보면서 주민등록증을 꺼내서 발권을 받으려고 하는데 출입구에서 한사람이 헐레벌떡 뛰어들어 오면서 소리쳤다. "저 예약했어요." 이 한마디에 나까지 발권을 했을 감사에서 나부터 발권을 못하는 날이 되고 말았다. 그 날은 학교에 가지 못했다. 오랜 시간이 흘렀지만 지금도 그 날의 외침을 생생하게 기억한다. "저 예약했어요."

그렇다. 예약해야 한다. 누구보다 먼저 갈 수 있는 사람은 예약한 사람이다. 우리도 마찬가지리라. 생명책에 기록된 사람만이 천국에 들어간다. 일찍 왔다고, 아니 가장 먼저 와서 대기번호 1번이라고 발권을 받는 것이 아니라 예약한 사람이 우선인 것이다.

성경 다음으로 많은 사람들이 읽었다는 존 번연의 '천로역정' 첫 페이지는 이렇게 시작한다. "꿈속에 남루한 옷을 입은 한 남자가 한 손에는 책 한권을, 등에는 무거운 짐을 지고 서있다. 그는 책을 펴서 읽다가 몸을 떨며 흐느껴 울기를 거듭하다 더 이상 참지 못하고 갑자기 안타깝게 울부짖었다. "아~~ 나는 어떻게 해야 하나~~" 이 장면은 세상의 고난과 슬픔 그리고 걱정의 무거운 짐을 등에 지고 울부짖는 바로 나의 모습이다. 그러나 가장 희망적인 것은 다른 한 손의 책, 하나님의 말씀을 놓지 않으면 반드시 이긴다는 것을 첫 시작에서 말하고 있다.

그리고 천로역정의 마지막은 이렇게 끝난다. 순례자는 모든 역경을 이기고 하늘 문 앞에 이르렀다. 문 앞에는 "하나님의 계명을 지키는 사람은 복이 있으니 이는 그들이 생명나무에 나아가며 문들을 통하여 성에 들어갈 권세를 받으려 함이로다."(계22:14)라는 말씀이 황금글씨로 쓰여 있다. 성에 있는 사람들이 증서를 요구하자 순례자는 품에서 꺼낸 증서를 제시하자 금빛 찬란한 성문으로 들어갔다. 얼마 후 무지라는 자가 도착했다. 이 자는 오래 믿었지만 자신의 행위로 구원을 받는다고 생각하며 자기 멋대로 믿은 사람이었다. 문 앞에 도착하자 성안에 있는 사람들이 당신이 누구인지를 묻자 당당하게 "나는 주님과 함께 먹고 마셨습니다. 주님은

거리에서 우리를 가르쳤구요."라고 말했다. 그리고 증서를 요구
하지만 아무리 뒤져도 없자 무지는 손과 발이 묶여 지옥으로 떨어
지는 것을 본다.

　새해가 밝았습니다. 단순히 시간 흘러서 맞이하는 새해가 아니
라 말씀과 기도로 변하여 새사람이 된 진정한 새해가 되길 바랍니
다. 확실하고 분명한 천국 시민권과 생명책에 이름이 기록된 은혜
를 누리는 한해가 되길 바랍니다.

진정한 회복은 여기서부터

코로나 19의 기간이 길어지면서 최고의 화두는 "회복"이다. 코로나로 인하여 침체된 우리의 영혼과 육체가 하나님의 은혜로 회복되기를 간절히 사모하는 마음에서 그럴 것이다. 그러면 회복은 어디에서부터 시작해서 어디까지 회복되어야 하는가? 그리고 무엇이 회복되었을 때 우리는 회복되었다고 할 수 있는가? 많은 부분에서 이야기 할 수 있지만 회복은 하나님이 어떤 분이신지를 정확히 알고 분명히 고백하며 확실히 의지하는 곳에서부터 시작되고 마무리된다고 할 수 있을 것이다.

누가복음 15장에서 둘째 아들이 집을 나간 이유는 아버지를 잘 몰랐기 때문이라면, 다시 돌아온 이유가 아버지의 존재를 새롭게 알게 되었기 때문이다. "내 아버지에게는 양식이 풍족한 품꾼이 얼마나 많은가 나는 여기서 주려 죽는구나."(눅 15:17)

집을 나와 굶주린 아들은 우리 아버지와 붙어만 있으면 적어도 배고파 죽는 일은 없을 것이라는 것에 대한 확신이 생겼고, 그것이 그로 하여금 다시 돌아오게 하는 결정적인 계기가 된 것이다. 그러면 내가 믿는 하나님은 어떤 하나님인가?

1. 하나님은 앞서가시는 하나님이다.

신명기는 모세가 120세에 죽기 두달 전, 요단강 맞은편에서 출애굽 2세대를 향해서 했던 세번의 고별설교이다. 그 설교의 핵심은 하나님이 어떤 하나님인지 그리고 그 하나님이 이스라엘 백성들을 어떻게 애굽에서 여기까지 인도해냈는지를 분명하고 정확하게 말씀하신다. 두려워 떨고 있는 백성들에게 모세는 "내가 너희에게 말하기를 그들을 무서워하지 말라 두려워하지 말라 너희보다 먼저 가시는 너희의 하나님 여호와께서 애굽에서 너희를 위하여 싸우실 것이며… 그는 너희보다 먼저 그 길을 가시며 장막 칠 곳을 찾으시고 밤에는 불로, 낮에는 구름으로 너희가 갈 길을 지시하신 자이시니라."(신 1:29~33)

하나님은 앞서가시고 선두로 가셔서 장막 칠 곳을 미리 정해놓으시는 분으로 소개한다. 이런 확신에 찬 모세의 설교는 두려워하는 백성들에게 커다란 용기가 되었음은 말할 것도 없다.

2. 하나님은 나를 안고 가시는 분이시다.

하나님은 앞서가시고 선두로 가시고 가셔서 길을 열어주시는 분이신데 그렇게 가실 때 나를 안고 가신다는 것이다. "광야에서도 너희가 당하였거니와 사람이 자기의 아들을 안는 것 같이 너희의 하나님 여호와께서 너희가 걸어온 길에서 너희를 안으사 이 곳까지 이르게 하셨느니라."(신1:31)

미국에서 고민치료 심리학자로 유명한 데이비드 카보넬 박사(David A. Carbonell)는 모든 형태의 불안 치료를 전문으로 하는 임상 심리학자이다. 그는 걱정을 앵앵거리는 모기에 비유하면서 "만일 걱정이 이웃이라면 이사를 가버리면 된다. 걱정이 회사 직원이라면 해고시키면 된다. 걱정이 라디오 방송사라면 채널을 돌려버리거나 라디오를 꺼버리면 된다. 그런데 우리 뇌에는 전원을 끄는 스위치가 없다. 걱정스러운 생각을 멈출 수 있는 간단한 방법이란 없다. 그 때문에 걱정이 우리를 속일 수 있는 것이다."라고 말했다.

우리는 본능적으로 걱정을 멈추고 싶어 한다. 그러나 앵앵거리는 모기를 손바닥으로 탁 쳐서 때려잡듯이 걱정을 깨끗하게 처리할 수 있는 간단한 방법은 없다. 그래서 우리의 뇌는 "걱정을 만들어내는 기계"라고 하지 않던가. 그럼에도 불구하고 우리가 걱정을 넘어 평안할 수 있는 것은 하나님은 앞서가시는 분일 뿐 아니라 앞서가실 때 나를 안고 가시기 때문이다.

3. 하나님은 나를 치료하시는 분이시다.

병든 욥을 위로하기 위해서 찾아온 욥의 친구 엘리바스가 욥에게 해주는 첫 번째 충고는 이렇다. "하나님은 아프게 하시다가 싸매시며 상하게 하시다가 그의 손으로 고치시나니."(욥 5:18)

우리가 육체의 깊은 고통 속에서도 희망의 끈을 놓을 수 없는 것은 하나님은 아프게 하시다가도 싸매어주시고 상하게 하시다가도 고치시는 분이기 때문이다. 대학 4학년, 23세의 나이에 교통사고로 55%의 전신화상을 입은 이지선 양, 지금은 대학 교수가 되어 이렇게 말한다.

"저는 사고 이전으로 돌아가고 싶지 않아요. 고난의 끝에 생각지도 못한 보물을 발견했으니까요."

이것이 영과 육을 치료하시는 하나님의 멋진 작품이 아니고 무엇인가!!

지금은 우리 모두 어려운 시기를 보내고 있다. 그러나 이 또한 지나갈 것이고 하나님은 이 모든 상황을 통해서 간증의 꽃을 피우기를 원하고 있다. 하나님이 누구인지를 분명히 알고 확실히 믿고 나갈 때 우리는 진정한 회복의 시작과 끝을 볼 것이다.

나는 디딤돌인가? 장애물인가?

　인간의 역사는 사람들의 이야기이다. 성경도 사람으로 오신 메시야, 그리고 그 메시야를 중심으로 한 사람들의 이야기이다. 사도 바울이 쓴 서신서의 특징 중의 하나는 편지 마지막 부분에 사람들의 이름을 거론하는데 사람들의 이름뿐만 아니라 그 사람의 구체적인 섬김과 삶을 소개하고 있다는 것이다. 가장 많은 사람을 언급하는 로마서에는 무려 이름만 36명이고 그 외 사람들을 포함하면 셀 수가 없을 정도이다. 고린도전서에서도 그리고 바울이 맨 나중에 쓴 디모데후서에서도 이름 행진은 계속된다.

　바울은 수많은 사람들을 구체적으로 언급하면서 자신을 신실하게 도운 사람들과 반대했던 사람들의 이름을 아주 구체적으로 거론하고 있다. 예를 들면 겐그리아교회의 일꾼 뵈뵈를 '나의 보호자' (롬 16:)라고 소개하더니 브리스길라와 아굴라 부부를 향해서는 '나를 위하여 자신의 목이라도 내놓은 사람들' (롬 16:4)이라고 치켜세운다. 그러나 구리 세공업자 알렉산더는 '말로 많은 해를 입혔으니 그를 주의하라.' (딤후 4:13)고 했다. 바울 곁에는 디딤돌 같은 동역자도 있었지만 장애물 같은 반대자들도 많았음을 말해준다. 그러면 나는 하나님의 나라와 교회에 디딤돌 같은 사람인가 장애물 같은 사람인가를 물어야 한다.

전라북도 순창에 가면 "전봉준 장군 피체(被逮) 유적비"가 있다.(* 피체(被逮) : 남에게 붙잡힘.) 1894년 3월 전라북도 고창 무장에서 동학농민운동을 일으켰던 전봉준은 동학농민군 2만 명과 일본군과 관군의 연합 3천400명이 싸웠던 충남 공주 우금치(우금티)전투에서 대패 한다. 신식 무기(기관총, 소총)를 가진 일본군과 재래식 무기와 화승총이 전부였던 농민군은 화력에서 밀렸을뿐만 아니라 군사 지식이 부족했던 농민군 지도부는 전술에서도 큰 실수를 저질러 농민군은 대패하고 전봉준과 남은 농민들은 흩어지게 된다. 이 우금치 전투의 패배를 계기로 동학농민운동은 실패하게 된다.

1894년 12월 2일, 길고 긴 투쟁 끝에 일본군에 붙잡힌 전봉준 장군은 그 뒤 순창을 거쳐 담양의 일본군에 인계되어 나주, 전주를 경유 12월 18일 서울에 도착하여 일본 영사관 감방에 수감 되었다.

그리고 이듬해 1895년 3월 29일 41세의 나이에 교수형으로 최후를 마치게 된다.

그런데 전봉준이 체포되는 과정에서 이종록과 김경천이라는 사람이 등장한다. 이종록은 별장이란 종9품 무관직으로 조선 시대 지방의 산성이나 나루 등의 수비를 맡고 있었는데 일본군의 눈을 피해 그가 지키던 입암산성으로 피신한 전봉준을 신고하지 않고 숨겨줬던 인물이다. 며칠 후 입암산성을 떠난 전봉준은 동지인 김개남을 만나기 위해 왔다가 날이 저물자 옛 부하인 김경천의 집으로 피신을 한다. 전봉준을 맞아들인 김경천은 이웃에 사는 전주 감영(監營) 출신의 한신현에게 밀고했고 전봉준은 체포된다. 믿었던 사람에게 배신 당한 것이다. 그러면 왜 김경천은 전봉준을 밀고했을까? 그 당시 전봉준의 목에는 일천냥이라는 엄청난 현상금과 지역의 군수 자리가 걸려 있었다. 그러나 전봉준을 밀고한 김경천은 현상금과 군수 자리는커녕 사람들의 손가락질만 받고 이리저리 떠돌다 굶어 죽었다고 한다. 더군다나 2005년 순창군이 전봉준 장군 피체 유적지를 만들면서 세운 유적비에 김경천을 고부군 달천면 달천리(현 정읍시 덕천면) 출신이라고 하자 당시 정읍시민대책위는 "동학농민혁명의 발상지인 정읍의 자긍심에 찬물을 끼얹는 처사"라며 순창군에 정정을 요청하기도 했다.

김경천의 이야기를 조사하면서 돈에 마음을 빼앗겨 스승인 예수를 은 30에 팔아먹고 돌이킬 수 없는 현실을 인식하고 목을 매 자살한 가룟유다가 떠올랐다. 누군들 잘하고 싶지 않았겠는가? 누군들 충성하고 싶지 않았겠는가? 누군들 역사에 아름다운 사람으로 디딤돌 같은 사람으로 남고 싶지 않은 사람이 어디 있겠는가? 그러나 돈이나 자리에 마음을 빼앗기면 눈이 멀어 자자손손 부끄러운 이름이 된다는 것을 잊어서는 안 된다.

"나는 지금 디딤돌 같은 사람인가 장애물 같은 사람인가."
날마다 물어보며 살아야겠다.

"그들이 나와 너희 마음을 시원하게 하였으니 그러므로 너희는 이런 사람들을 알아 주라." (고전 16:18)

나의 이름은 어디에?

호사유피(虎死留皮) 인사유명(人死留明)이라는 고사성어가 있다. 호랑이는 죽어서 가죽을 남기고 사람은 죽어서 이름을 남긴다는 말이다. 한 줌의 흙으로 만들어진 우리는 이 세상 소풍을 마치면 한 줌 흙으로 돌아갈 존재이기에 자기 이름을 남기려는 공명심에 사로잡혀 인생을 그르쳐서는 안 된다. 그러나 내가 살다간 세월의 흔적 속에는 내 이름의 발자취가 남는 것은 어찌할 수 없는 일이다. 그래서 우리는 후대에 내 이름이 어디서 어떻게 남아 있어야 하는가를 기억하며 살아야 한다. 친구인 녹두장군 전봉준을 밀고했던 김경천은 세월이 지난 후에 정읍 시민들조차 그 이름 석자를 지워버리고 싶어서 "김경천은 우리 동네 사람이 아니다"라고 손사래를 쳤다면 내 삶에서 내 이름의 무게가 결정되리라.

전북 김제 모악산 기슭에는 금산교회가 있다. 1904년 젊은 미국 선교사 테이트는 전주 정읍 간에 말을 타고 다니며 전도를 했는데 그 중간 지점인 금산에 교회를 세우기를 소원했다. 그러다가 금산 일대의 큰 부자인 조덕삼이라는 사람을 만나고 자신의 사랑채를 예배 장소로 내주는데 이것이 금산교회의 시작이다. 그 당시는 남녀칠세부동석(男女七歲不同席)이 일반적 상식이었기에 교회를 지을 때도 강대상을 중심으로 왼쪽은 여자들이 오른쪽은 남자들이 앉아서 예배드릴 수 있도록 'ㄱ'자형으로 지었다. 조덕삼 어른의 집에는 말을 기르는 마부 이자익이라는 청년이 있었는데 주인을 따라서 예수를 믿었다.

교인이 약 100여 명이 되자 교회는 장로 한 분을 세우기로 했는데 조덕삼 어른과 이자익이라는 청년이 나섰다. 투표를 마치고 개표를 하고 보니 주인인 조덕삼 어른은 떨어지고 머슴인 이자익 청년이 당선되었다. 120년 전에 주인과 머슴의 분명한 신분 차이가 있었는데 주인은 떨어지고 머슴이 장로로 피택된 것이다. 이때 조덕삼은 "이 결정은 하나님이 내리신 결정입니다. 나는 교회의 결정에 순종하고 이자익 장로를 받들어서 열심히 교회를 섬기겠습니다." 그 후 조덕삼은 집에 돌아오면 주인과 마부, 교회에 가면 장로와 평신도의 관계가 되어 열심히 섬겼고 온 동네에 소문이 퍼졌다.

2년 후 조덕삼은 장로가 되었고 자기 집의 머슴이면서도 선배 장로인 이자익을 공부시켜서 목사가 되게 했다. 이자익 목사는 장로교 역사상 총회장을 세 번씩이나 할 정도의 훌륭한 인물이었다. 지금도 금산교회에 수많은 사람들의 발걸음이 끊이지 않는 것은 'ㄱ'자형 교회라는 문화적 가치가 있을 뿐 아니라 조덕삼과 이자익이라는 사람이 남긴 신앙적 가르침이 담겨 있기 때문일 것이다. 그래서 새로 조성된 기념관에는 조덕삼 장로님과 이자익 목사님의 사진과 일대기가 자랑스럽게 걸려 있다.

그러나 금산교회는 이런 역사만 있는 것이 아니다. 20여 년 전에는 금산교회를 방문하면 'ㄱ'자 교회에 오래된 당회록이 액자에 담겨서 걸려 있었다. 그런데 몇 년 후에 갔을 때 역사를 설명하던 목사님이 강대상 아래서 당회록을 꺼내서 읽으라고 하시더니 그 당회록이 강대상 아래로 들어가게 된 사연을 설명하셨다. 금산교회를 고향으로 두고 있는 사람들의 후손들이 고향을 찾아왔다.

이곳이 우리 할머니 할아버지가 살던 고향이고 그 분들이 다니던 교회이구나.

특히 교회에 걸려 있는 오래된 당회록 속에서 오래전에 세상을 떠난 할아버지 할머니의 이름을 발견하고 얼마나 기뻤겠는가. 그런데 자세히 읽어보니 할아버지 할머니의 이름은 맞는데 잘했다는 기록이 아니라 가정이 불화하여, 부모에게 불효를 하여, 주일을 범하여, 도박을 하여… 이런 저런 일로 교회에 징계를 받은 이야기였다는 것이다. 그래서 그 후손들이 담임목사님을 찾아가서 이것은 역사적 기록이니 지울 수는 없지만 우리 할아버지가 그 당시 신앙생활을 잘못하여 이렇게 실수를 했는데 지금 우리는 예수를 잘 믿고 있으니 우리 할아버지의 이름이 나온 이 당회록은 떼어 주십시오.

그래서 걸어 놓지 못하고 떼어서 강대상 밑에 들어갔다는 것이다. 아마도 목사님은 방문하는 사람들에게 당회록에 얽힌 사연을 설명해주고 있는 듯 했다. 한 달 전, 교우들과 함께 다시 금산교회를 방문했다. 여전히 당회록은 보이지 않았다. 설명을 마치고 목사님에게 물어보니 새로 만들어진 기념관에 있다는 것이다. 그래서 기념관에 가보니 그 문제의 당회록이 걸려 있었는데 이름이 모두 종이로 가리어 있었다.

야고보는 "어찌 한 입에서 찬송과 저주가 나올 수 있으며 샘이 한 구멍으로 어찌 단물과 쓴 물을 내겠느냐"(약3:10-11)고 했지만 우리는 오늘도 한 입에서 찬송과 저주를, 한 구멍에서 단물과 쓴물을 쏟아내는 약함과 악함이 있다. 지금 내 이름은 어디서 어떻게 사용되고 있을까를 생각하니 정신이 번쩍 들면서 끝까지 잘살고 잘 믿어야 겠다는 당연한 생각을 했다.

"그가 죽었으나 그 믿음으로써 지금도 말하느니라."(히 11:4)

10일 양식을 남기고 헌금할 분만 교회 오세요

한경직 목사님이 서울 영락교회를 건축할 때의 이야기다. 그 당시 주일 낮 예배에 출석하는 성도가 평균 158명 정도였다. "여러분 이제 우리도 성전을 건축해야겠습니다. 그래서 다음 주일에는 성전건축헌금을 작정하려 합니다. 그러니 특별히 다음 주일에는 10일 먹을 것만 남겨 놓고 모든 재산을 하나님께 드릴 수 있는 분만 교회에 나오시기 바랍니다. 여러분 우리가 왜 북에서 남으로 왔습니까? 무엇 때문에 북에 있는 모든 것을 버리고 서울에 왔습니까? 이유는 하나, 하나님을 자유롭게 섬기기 위해서 그런 것 아닙니까? 비록 우리의 형편이 어렵더라도 교회부터 지읍시다. 그리고 하나님을 잘 섬겨 봅시다. 그러면 하나님이 우리를 반드시 책임져 주실 것입니다."

다른 문장은 지금의 건축헌금 광고와 다를 바가 없는데 작정하는 다음 주일에 10일 먹을 것만 남기고 모든 재산을 하나님께 헌금할 분만 교회에 나오라는 광고는 요즘 말로 듣지도 보지도 못한 광고였다. 그러면 과연 몇 명이나 출석했으며 10일 분 양식을 남기고 모두 헌금한 성도는 있었을까? 다음 주일에 152명이 출석했고 그들 모두 건축헌금을 드리기로 작정을 했다고 한다. 그 중 40여 명은 목사님의 말씀대로 10일 것만 남겨 놓고 가진 것 전부를 하나님께 드렸다. 그리고 그때 헌신했던 40여 명은 1970년도에 우리나라 우수 기업 200위 안에 들어가는 복을 받았다고 하니 10일 양식을 남기고 다 드린 40여 명의 성도나 그렇게는 못해도 뻔뻔하게 교회에 나와서 자신의 분량대로 헌금하여 벽돌 한 장의 은혜를 함께 나눈 성도들이나 모두 하나님 나라 역사에 소중하게 사용받은 일군들임에는 분명하다.

사실 한경직은 다른 사람의 도움을 참 많이 받은 사람이었다. 한경직은 남강 이승훈 선생의 영향을 받아 현대 과학을 배우고 익혀 국가 발전에 이바지 해야겠다는 생각으로 대학에서 화학을 전공했다. 그의 가슴에는 교회에 대한 열정은 있었지만 목회에 대한 생각은 없었다. 그러나 그날 이후 한경직의 꿈은 완전히 달라졌다. 모든 것을 하나님의 부르심에 따라 하나씩 정돈해 나갔다. 신학을 공부하려면 역사와 철학을 공부해야 하는데 어떻게 할까를 고민하다가 하나님이 도와주면 미국에 가서 다시 대학을 다녀야겠다는 생각을 했다. 그리고 그러한 생각을 방위량 목사에게 상의하자 방위량 목사는 미국 캔자스(Kansas)주에 있는 엠포리 대학(Emparia State University)에서 1년 과정으로 철학이나 역사를 공부할 수 있도록 주선해주었다.

어렵게 미국행 여권은 손에 쥐었지만 돈이 문제였다. 방위량 목사는 안식년으로 미국으로 들어가고 없었다. 한경직은 하는 수 없이 남강 이승훈 선생을 찾아가서 사정을 이야기 하자 편지 두 장을 써주었다. 한 통은 윤치호 선생께 쓴 것이었고 다른 한 통은 이름만 대면 알 만한 유명한 사람에게 쓴 것이었다. 이름만 대면 다 아는 분은 편지를 읽더니 거절 했다. 그러나 윤치호 선생은 편지를 다 읽더니 몇 가지를 묻고는 100원을 주었다. 100원은 그 당시 큰 돈 이었다. 한경직은 너무 감사해서 "제가 앞으로 이것을 갚으려 합니다"라고 하자 윤치호 선생은 평생 잊지 못할 말을 했다. "아 니 나에게 갚을 것 없다. 이 다음에 다른 사람들한테 갚아라."

이후 한경직은 목회하면서 교육이나 복지를 위한 사업을 할 때 윤치호 선생이 들려준 그 말씀을 따라 받은 은혜를 다른 사람에게 갚는다는 생각으로 했다. 윤치호 선생이 한경직에게 준 100원은 일본 요코하마에서 샌프란시스코까지 가는 3등선 배 값이 되었다.

어느 목사님이 SNS에 이런 글을 썼다. 오래 전 섬기는 교회에 돌아가신 하용조 목사님이 부흥회를 오셨는데 본인이 차량 운전으로 섬기게 되었단다. 기회다 싶어서 목회에 대한 여러 가지를 물었는데 그 중에 하나가 "목사님 목회가 무엇인가요?"였단다. 그러자 하 목사님은 "목회란 부자들의 헌금을 가져다가 가난한 자들에게 나누어 주는 것입니다"라고 했단다. 이상할 것 하나도 없는 정확히 맞는 말이라고 생각한다. 성도들에게 돈에 대해서 정확하고 분명하게 가르쳐주어서 벌 때부터 쓸 때까지 어떻게 관리해야 하는지에 대한 기준을 성경적으로 잡아주어야 한다. 만나교회 김병삼 목사님이 쓴 책 중에 "하나님 솔직히 돈이 좋아요"라는 책이 있는데 제목에서 사람 냄새가 물씬 풍겨서 마음에 들었다. 그러면서 스스로 묻는다. "너는 10일 양식을 남기고 모두 헌금할 수 있는가?"

"오직 너희를 위하여 보물을 하늘에 쌓아 두라. 거기는 좀이나 동록이 해하지 못하며 도둑이 구멍을 뚫지도 못하고 도둑질도 못 하느니라."(마 6:20)

다시 일어섬의 근거는 바로 부활

스네일 피쉬(Snail fish)라는 물고기가 있다. 지금까지 알려진 물고기 가운데 가장 깊은 해저(海底) 8천미터에서 살고 있다. 최첨단 과학기술이 동원된 잠수함도 해저 6,500미터 이상 내려가지 못한다. 해저 8천미터 깊이에서는 1평방미터(가로 세로 각 1미터인 정사각형)에 8천톤의 압력이 짓누른다. 강철 잠수함도 뒤틀리고 쭈그러지는 엄청난 압력 속에서, 어딘가에 한 번 스치기만 해도 내장이 쏟아져 나올 것 같은 그런 얇은 피부를 가진 스네일 피쉬가 유유히 살아간다는 것은 정말 신기한 일이다. 이것이 어떻게 가능할까? 아직 과학자들은 이에 대해 확실하게 설명하지 못하지만, 이 물고기 안에 외부의 압력에 대응할 '내부적 저항력'이 있기 때문임은 분명하다. 자신에게 닥치는 온갖 역경과 어려움을 오히려 도약의 발판으로 삼는 힘이 바로 '회복 탄력성'이라고 정의한다면 작은 물고기에 불과한 스네일 피쉬는 지금 우리에게 절실하게 필요한 '회복 탄력성'을 가진 최고의 생물체라고 할 수 있다.

장애인과 암 환자의 희망이었던 고(故)장영희 서강대 영문과 교수는 한 살 때 소아마비를 앓은 후 두 다리를 쓰지 못하고 평생 목발을 딛고 살았다. 초등학교 1학년 때, 목발을 옆에 세우고 골목길에 앉아 있는데 엿장수 아저씨가 지나가다 다시 와서 깨엿 2개를 주면서 평생 잊지 못할 한마디를 하고 가셨다. "괜찮아." 어린 장영희는 엿장수 아저씨의 "괜찮아"가 무슨 의미인지 정확하게 알수 없었지만 그것을 '생명을 가지고 있으므로 괜찮다'는 말로 해석했다. 그리고 그 '괜찮아'라는 말을 평생 가슴에 품고 살았다. 유학을 하면서 2년 간의 피눈물 나는 고생 끝에 박사학위 논문을 끝냈다. 심사를 얼마 안 남기고 뉴욕의 올버니에서 LA에 있는 언니 집에 다니러 갔다. 1980년대 중반 아직 워드프로세서가 대중화되기 전인지라 일일이 전동 타자기로 작업한 논문의 최종본을 트렁크 안에 집어넣고 갔다. 그런데 도둑이 차 트렁크를 열고 물건을 모조리 훔쳐 갔는데 거기에는 논문도 들어 있었다.

6년간의 공부가 그 논문 하나에 달려 있는데 어디 저장해 놓은데도 없이 분실되다니. 순전히 기억만 되살려 또 다시 논문을 작성한다는 것은 보통 어려운 일이 아니었다. 꼬박 사흘간 식음을 전폐하고 죽고 싶을 정도로 힘들었다. 그러다가 닷새쯤 되는 날 장 교수는 자기 안 깊숙이 들려오는 목소리를 들었다. "괜찮아. 다시 시작하면 되잖아. 다시 시작할 수 있어. 기껏해야 논문인데 뭐."

그랬다. 다시 시작한 그녀는 꼭 1년 후에 이전보다 더 훌륭한 논문을 써냈고, "내게 삶에서 가장 중요한 교훈-다시 시작하는 법-을 가르쳐준 도둑에게 감사합니다"라고 논문의 헌사(獻辭)에 적었다.

우리 삶은 지뢰밭이 깔려 있는 고난의 연속길을 걷고 있다. 언제어디서 터질지 모르는 지뢰밭을 지나면서 언제 터져도 감사하고어디서 터져도 감사할 수 있는 '내부 저항력'이나 '회복 탄력성'의 확실한 근거가 분명하지 않으면 우리는 날마다 절망할 수밖에없다. 그런데 우리를 그 고난의 자리에서 근심을 찬송으로 바꿀수 있는 생명이 바로 부활에 있다는 것이다.

인도의 선다싱(Sundar singh)이 영국을 방문했을 때의 일이다. 어느 대학교수가 그에게 물었다. "당신이 힌두교를 버리고 기독교를 믿게 된 이유가 무엇입니까?" 힌두교와 기독교의 차이가 무엇이기에 종교를 바꾸었느냐는 질문이었다. 이에 대해 선다싱은 이렇게 대답을 했다. "부활하신 예수가 살아 있기 때문입니다."

세상이 '죽음은 끝'이라고 말할 때, 우리는 '죽음이 시작'이라고 말한다. 이것이 세상과 그리스도인이 다른 이유이다. 사람은 죽이는 능력은 있지만 살리는 능력은 없다. 부활은 죽은 자를 살리는 능력이다. 생명의 역사가 바로 부활이다. 플레이 온. 김병삼.P.19

자살 공화국이라고 불릴 정도의 오명을 가진 우리나라는 한강에 투신하는 이가 이틀에 한 명꼴이고 하루 평균 43명이 자살한다고 한다. 언젠가 한강에 투신했다가 구조대원의 도움으로 살아난 사람이 자신의 자살 경험을 적은 노트를 한강대교 난간에 매달아 놓은 적이 있다. '자살하려는 사람은 꼭 읽어주세요'라고 쓰인 그 노트엔 '차가운 물 속에서 숨이 끊어질 때까지 받는 고통의 시간이 살아서 고통 받는 시간보다 수천 배 수만 배 더 길다'는 내용이 적혀 있었다. 인생의 성공 중에서 자살에 성공한 것만큼 부끄러운 성공은 없다.

영국의 물리학자 스티븐 호킹은 그의 환갑 기념 심포지엄에서 "내가 이룬 업적 중 가장 위대한 것은 살아 있다는 것"이라고 했으며 정호승 시인은 "만일 오늘 당신이 자살의 유혹에 빠진다면 자살의 유혹에 침을 뱉어라"라고 했다. 우리가 세상을 가볍게 살아서는 안 되는 이유는 바로 다시 사는 부활이 있기 때문이다. 또한 우리가 세상의 짐을 지고 무겁게 살아서도 안 되는 이유는 바로 죽어도 다시 사는 부활이 있기 때문이다.

"예수께서 이르시되 나는 부활이요 생명이니 나를 믿는 자는 죽어도 살겠고 무릇 살아서 나를 믿는 자는 영원히 죽지 아니하리니 이것을 네가 믿느냐" (요 11:25~26)

갈등의 원인과 해결 방법

바로 어제, 운동을 하는데 뒤 따라 오는 40대 후반의 여성 두 명의 대화를 원치 않게 엿듣게 되었다. "정말 '시' 자 들어간 사람들은 도움이 안된다니까." '시' 자 들어간 사람들에게 잘해줘도 '지랄' 이고 적당히 해주면 '더 지랄' 이고 놔 두면 '악랄' 이란다. 아주 단편적인 대화지만 우리가 사는 세상에서 다른 사람과 살아가는 것이 만만치 않음을 보여주는 이야기이다. 사람은 혼자 살 수 없기에 누군가와는 원하든 원치 않든 함께 살아야 한다. 그래서 사람들이 있는 곳에서는 언제 어디서나 갈등이 존재한다.

모파상의 소설 중에 이런 이야기가 있다. 낚시로 눈을 뜨고 낚시로 일을 시작할 정도로 유일한 취미는 오직 낚시인 노 부부가 있다. 매일 할아버지가 낚싯대를 드리우면 할머니는 양산을 펴드리면서 하루 하루를 지내는 부부. 그 날도 그 곳에 갔는데 자신이 앉아서 낚시하던 자리에 다른 사람이 와서 낚시를 하고 있다. 아쉬움을 뒤로하고 옆자리를 잡았는데 반나절이 지나도록 피라미 새끼 한 마리도 걸리지 않는다. 그런데 자기가 앉았던 자리에 앉은 사람은 정신없이 낚아 올린다. 급기야는 자리싸움이 벌어지고 멱살을 잡고 싸우는데 뒤에서 있던 할머니가 할아버지에게 밀어버리라고 시늉을 한다. 그래서 할아버지는 그 사람을 밀어버리자 물속에 빠져 익사를 한다는 짧은 이야기이다. 좋은 것을 양보한다는 것은 쉬운 일이 아니다. 이미 내 손에 쥐고 있는 기득권을 포기하거나 양보한다는 것은 결코 쉬운 일이 아니다. 그러면 갈등은 어디에서 시작할까?

1. 갈등의 원인은 풍부함에 있다.

의외로 갈등은 풍부함과 풍성함에서 시작한다. 형제들이 법정에 서는 대부분의 이유는 상속받을 재산이 많기 때문이다. 아브람과 롯은 삼촌과 조카지간이다. 그런데 그들이 갈등을 하게 된 시작은 풍부에 있었다. 창세기 13장 6절에 "그 땅이 그들이 동거하기에 넉넉하지 못하였으니 이는 그들의 소유가 많아서 동거할 수 없었음이니라."

없을 때는 콩 한 조각도 나누어 먹으려고 한다. 맛있는 게 있으면 형님이 생각나고 아우가 생각난다. 그런데 많아지면, 감당하기 힘들게 많아지면 아까운 생각이 들기 시작한다. 형만 없으면, 누님만 없으면 저것 다 내것 되는데. 형제투금(兄弟投金)이라는 말이 있다. 고려 공민왕(恭愍王) 때 형제가 길을 가다가 황금 두 덩이를 주워 나누어 가졌다. 양천강(陽川江 ; 지금의 金浦市 孔巖津 근처)에 이르러 형제가 함께 배를 타고 가는데, 별안간 아우가 금덩이를 강물에 던졌다. 이유를 묻는 형에게 평소에 형을 사랑하였으나 형이 없었으면 두 개를 다 가질 수 있을 거라는 생각이 들게 하는 상서롭지 못한 물건이라고 대답하자 형도 역시 금덩어리를 강물에 던졌다. 그 뒤 이 강을 투금뢰(投金瀨)라고 부른다는 이야기이다.

2. 어떻게 해결할 것인가?

먼저 찾아가야 한다. 아브람은 문제가 발생하자 자기보다 어린 조카 롯, 자신의 도움으로 부자가 된 조카 롯을 먼저 찾아갔다. 부활하신 예수님도 호언장담 후 고기 잡으러 가버린 베드로와 제자들을 찾아가셨다. 회복은 찾아가는 데서 시작한다. 찾아간다는 것은 그 사람과의 묶어진 관계를 풀 마음이 있기 때문이다. 그러므로 마음에 불편한 그 사람이 나를 찾아왔거든 그 사람도 굉장히 머뭇거리면서 왔으며 굉장히 힘든 걸음을 했다는 것을 알아주고 믿어주고 만나줘야 한다.

해결의 두 번째 방법은 찾아가되 찾아가서 따지지 말고 한 발 물러서는 것이다. "아브람이 롯에게 이르되 우리는 한 친족이라. 나나 너나 내 목자나 네 목자나 서로 다투게 하지 말자. 네 앞에 온 땅이 있지 아니하냐 나를 떠나가라 네가 좌하면 나는 우하고 네가 우하면 나는 좌하리라."(창 13:8~9) 문제가 발생했을 때 서로의 잘잘못을 따지기 시작하면 결국에는 상처만 남는다. 왜냐하면 내가 다 잘했다는 것은 아니지만 얼마만큼의 잘못도 상대편에 있다고 생각하기 때문이다.

남강 이승훈은 어려서 부모님을 여의고 무역과 상업으로 돈을 벌었지만 한 번도 자기 돈이라 생각하지 않았다. 1907년 평양에 갔다가 도산 안창호의 연설을 듣고 사재(私財)를 털어 고향인 평북 정주에 오산학교를 설립했다. 1919년 3.1운동 때 기독교 16명 (감리교 9명, 장로교 7명), 천도교 15명 불교 2명 등 3개 종파 지도자들의 연대운동으로 성사되었다. 이들은 교리와 정파가 달라서 여러 차례 결별의 위기도 있었지만 이승훈의 타협으로 막바지에 민족대표 서명 순서가 정해졌다. 은밀하게 추진된 민족대표 추진 선정 작업은 1919년 2월 27일 끝났고 독립선언서를 인쇄할 차례인데 누구의 이름을 제일 머리에 두느냐를 놓고 종파간 의견이 달랐다. 그 중에 돈을 제일 많이 낸 천도교와 인원이 제일 많은 기독교 사이에 자기네 대표를 넣어야 한다고 명분을 내세우며 상대방의 양보를 요구했다. 뒤늦게 회의 장소에 들어온 이승훈은 순서 문제로 서로 어색해 있는 모습을 보고 "순서는 무슨 순서 이거 죽는 순서야! 천도교 대표 손병희 먼저 넣고, 다음에 장로교 대표 길선주 감리교 대표 이필주 불교 대표 백용성 넣고 나머지는 가나다 순."이번 거사의 활약상을 보나 무엇으로 보나 이승훈이 먼저 들어가야 마땅했다.

거기에 이의를 제기할 사람은 아무도 없었다. 그런데 종파가 다른 천도교에 먼저 이름을 양보했고 장로교는 길선주에게 양보하고 자신은 17번째로 들어갔다. 이것이 갈등의 원인을 해결하는 진정한 권위가 아닐까!!

"새 계명을 너희에게 주노니 서로 사랑하라 내가 너희를 사랑한 것 같이 너희도 서로 사랑하라." (요 13:34)

아버지에 대한 추억!!

　소설가 김정현씨가 쓴 '아버지'라는 장편소설이 있다. 아버지에게는 공부 잘하는 고등학교 3학년 짜리 딸이 있다. 이 딸은 서울대 영문과 진학을 목표로 공부를 하는데 아버지로서 해줄 것이 없는 아버지는 딸이 영문과에 가겠다고 결심하는 순간부터 '35'라는 숫자를 머릿 속에 각인을 하고 살아간다. 그것은 서울대 영문과 정원이 35명이기 때문이다.

　버스를 탈 때도 뒷자리에 앉지 않고 앞에서부터 세어서 35번째 자리 앞에 앉는다. 아무리 피곤해도 또 뒷 좌석에 빈 자리가 남아 있어도 전체 승객 35번째 안에 들지 못하면 앞 쪽에 서서 간다. 직장에 출근을 해도 35번째 안에 출근하고 버스도 1번부터 35번까지의 버스만 탔지 36번부터는 타지 않는다. 직장에 출근하면서도 35분 안에 들어갔다. 택시를 탈 때도 택시 번호판 뒷 자리가 35가 넘으면 그냥 보내고 35 이내의 숫자만 탄다. 지하철 개찰구에 들어 갈 때에도 35번째에 들어가고 나올 때도 마찬가지다. 신호등이 바뀔 때 맨 앞에서 35번째에 서 있다. 이런다고 딸이 35등 안에 들어가는 것은 아니지만 사실 이런 분들이 우리의 아버지이고 어머니이다.
　아버지 됨을 넘어 이제 할아버지가 되어야 할 나이에 나의 아버지에 대한 생각을 끄집어내 보련다. 나의 어머니는 내가 중학교 3학년 때 병을 이기지 못하고 마흔 아홉살의 여름에 세상을 뜨셨다. 비록 어린 나이에 어머니와 이별했지만 어머니가 막둥이인 나에게 남기고 간 사랑의 선물은 엄마 없이 지내야 하는 나에게 약재료가 되기에 충분했다. 그런데 아버지에 대한 기억은 모조리 어둡다. 술을 입에서 놓을 날이 없을 정도로 주(酒)님을 사랑하셨던 아버지. 그래서 술 취해 퇴근하시면서 우리 형제의 이름을 멀리서부터 부르고 오시던 아버지. 술에 취하시면 항상 부르는 국악 풍의 노랫소리에 익숙했던 어린 시절. 밥을 먹다가 기분이 상하시면 가끔 상을 엎어서 식사 자리를 공포의 자리로 바꾸시던 아버지. 너무 어려서 무슨 연유인 줄은 모르지만 어머니와 늘 다투시던 폭력적인 아버지. 어릴 적 아버지의 기억은 언제나 어두운 그늘이었다.

그런데 어느 날 아버지에 대한 좋은 기억을 억지로 만들어내다가 참 힘들고 어려웠을 아버지를 만나게 되었다. 땅 한평 없어 부모로부터 받은 몸으로 세상을 이겨내야 했던 아버지를 만난 후에 아버지에 대한 어두운 그림자를 넘어 감사의 기억이 발견되었다.

먼저는 무능력해 보였지만 가정을 책임지기 위해서 아침부터 저녁까지 쉬지 않고 일하셨던 아버지의 모습이다. 내 기억으로는 아버지가 아파서 누워있던 때는 돌아가시기 전 몇 달뿐, 날마다 쉼없이 가족을 위해서 일하고 일하셨다. 두 번째 기억은 어머니를 무척 사랑하셨다. 가진 것 없는 농촌에서 아픈 엄마의 수술은 차마 입에 오르지도 못할 소리였다. 그러나 아버지는 빚을 내서 나름대로 할 수 있는 치료들을 하셨다. 심지어 옻이 좋다고 하여 외상으로 옻을 구해 어머니에게 먹이기도 했다. 세 번째 기억은 어릴 때

국수에 대한 기억이다. 내가 어릴 때 광복절에는 동네 대항 축구대회가 해마다 크게 열렸다. 어린 우리들에게 이보다 더 좋은 구경거리는 없었다. 어느 해, 그 날도 친구들과 어울려서 초등학교에서 열리는 축구대회에 구경을 갔다. 아버지의 눈을 피해서 구경을 하다가 아뿔싸!! 아버지의 눈에 딱 걸린 것이다. 이제 죽었다 싶어 고개를 숙이고 있는 나의 손을 잡고 아버지는 국수집으로 들어가셨다. 그리고 막국수 한 그릇을 사주셨다. 무슨 맛으로 먹었는지 맛에 대한 기억은 없지만 오랜 시간이 지난 후 아버지에 대한 향수를 떠올리다가 발견한 아버지의 마음이었다. 마지막 기억은 아버지는 막내아들인 내가 신학교에 입학하는 것을 못내 마뜩잖아 하셨지만 돌아가시기 전에 막내아들의 안내로 주님을 영접하고 천국으로 이사를 가신 것이다.

링컨이 대통령에 당선되고 국회에서 취임 연설을 하는 날, 연설을 시작하려고 할 때, 한 의원이 일어나더니 "당신이 대통령이 되다니 정말 놀랍습니다. 그러나 당신의 아버지가 구두 수선공이었다는 사실은 잊지 마시기 바랍니다. 내가 지금 신고 있는 구두도 당신의 아버지가 만든 것입니다. 지금까지 당신 같이 형편 없는 신분으로 대통령에 당선된 사람은 아마 미국 역사에 없었을 겁니다." 그 사람의 말이 끝나자 여기저기서 링컨을 비웃는 웃음소리가 들려왔다. 링컨은 아무 말을 하지 않았다. 잠시 의사당 안은 침묵이 흘렀다. 그때 링컨의 눈에 눈물이 고였다. 그리고 그 국회의원에게 이렇게 말했다.

"대단히 감사합니다 의원님. 오랫동안 잊고 있었는데 아버지를 기억나게 해 주셔서 감사합니다. 저는 아버지를 자랑스럽게 생각합니다. 우리 아버지는 직업에 충실했고 구두를 잘 만드는 분이셨습니다. 내가 어깨 너머로 배운 바가 있으니 당신 구두가 고장나거든 가져오세요. 내가 수리해 드리겠습니다.”

참 효도는 아버지 어머니에 대하여 떳떳하고 자랑스러워해야 한다. “내 아버지는 구두 수선하는 사람입니다.” “내 아버지는 막 노동으로 인생을 사셨습니다.” “내 아버지는 머슴이요, 나는 그 아들입니다.” 우리는 아버지의 직업, 아버지의 선택, 아버지의 삶을 자랑스럽게 여겨야 한다. 우리의 교만함으로 부모님으로 하여금 살아온 생에 대하여 후회하게 만들어서는 안 된다. 아버지!! 그 수고와 사랑에 감사합니다. 아버지!! 사랑합니다.

오직 성령의 능력으로

나는 중학교 3학년 때 어머니가 돌아가신 후 고등학교 2학년 때까지는 시골에서 아버지와 함께 살다가 고3 때 김제 읍내에 살고 있는 셋째 누나 집에 이사를 와서 함께 살았다. 지금 생각하면 누님의 다섯 식구는 안방에서 살고 아버지와 나는 작은 방에서 살았으니 누나와 매형의 불편함은 이루 말할 수 없었을 것이다. 나보다 두 세 살 적은 매형의 막내 동생이 가끔씩 형님 집이라고 찾아 오곤 했다. 어느 날, 내가 책상에 넣어두었던 십일조 봉투가 사라진 사건이 일어났다. 그 당시 교육전도사 시절이라 십일조라고 해도 얼마 되지 않겠지만 나름대로 준비하여 둔 십일조였고 봉투 위에 '십일조'라고 큼지막하게 써 놓아둔 그 봉투가 사라진 것이다.

그런데 그 옆에 편지 하나가 있었다. "형님 내가 나중에 갚을 께." 우리 매형의 막내동생 소행이었다. 그리고 잊었다. 거의 20여년이 지난 어느 날, 다시 만난 그 십일조 도둑놈은 충남 어느 교회의 서리집사가 되어 있었다. 게다가 산소엘 갔는데 넙죽 넙죽 절하던 그가, 교회 다닌다고 묵념을 하고 있지 않는가!! 사정을 들어보니 예수 잘 믿는 아내를 만나서 교회를 다니게 되었다는 것이다. 얼마나 반가웠는지. 그런데 그때 불현 듯 떠오르는 생각… 이십여 년 전, 내 십일조. 그리고 남긴 편지… "형님 내가 나중에 갚을께."

"십일조 갚아야지" 하는 생각이 떠올랐지만 열심히 예수 믿는 것으로 얼마나 감사했는지 모른다. 누가 그리고 무엇이 십일조 도둑놈을 주는 그리스도시요 살아계신 하나님의 아들임을 고백하게 했는가? 바로 성령의 은혜요 인도하심이다.

설교의 황태자라 불리우는 찰스 스펄전(Charles Spurgeon, 1834~1892)은 1857년, 23세의 나이에 영국 교회 역사의 새로운 장을 썼다. 스펄전이 활동하던 시기에 인도는 영국의 식민지였다. 그런데 인도에서 대대적인 반란이 일어나자 이 반란에 대한 국가적인 대책의 하나로 예배가 준비되었는데 스펄전이 설교자로 정해졌다. 크리스털 궁(Crystal Palace)에서 열린 국가적인 행사에 23,654명이 참석하였는데 이것은 그때까지 영국 역사상 실내에서 모인 가장 큰 규모의 집회였다. 스펄전은 그 자리에서 설교한 것이다. 스펄전은 습관적으로 예배 장소를 현장 답사하였다. 스펄전은 장내에서 음향을 점검하기 위해서 크리스털 궁을 방문하여 성경구절을 연습용으로 외쳤다.
"보라, 세상 죄를 지고 가는 하나님의 어린양이로다."(요 1:29)

몇 차례 계속해서 반복하였을 때 건물 안 어디선가 울음소리가 들렸다. 스펄전은 놀라서 그 울음소리를 따라가자 내일 행사를 위해서 정비작업을 준비하던 작업 인부 중 한 사람이 작업을 중단한 채 무릎을 꿇고 눈물을 흘리고 있었다. 작업 인부는 방금 전 스펄전이 마이크를 실험하기 위해서 성경 구절을 외칠 때 그 말씀이 자신의 가슴을 찢어 회개했노라고 말했다. 스펄전은 단지 음향시설을 점검하기 위해서 성경 구절을 읽었을 뿐인데 작업 인부가 하나님의 음성을 듣고 회개한 것을 보고 내일 집회에 하나님의 큰 역사가 있을 것을 확신하였다.

지금은 고인이 된 성공회 대천덕(Reuben Archer Torrey, 1918~2002)신부는 아침에 일어나면 "하나님 오늘도 나를 성령 충만하게 도와 주십시오. 나는 성령 충만없이 하루 길을 걷는 것이 두렵습니다."라는 기도로 하루를 시작했다. 대천덕 신부가 이렇게 하루를 시작하는 이유를 말한다. "내가 성령 충만하다고 느끼지 않았을 때 나는 말을 조심한다. 왜냐하면 성령 충만하지 않을 때 내가 하는 말은 종종 실수일 수가 있고 실언일 수가 있고 이웃들에게 상처를 입힐 수가 있기 때문이다. 나는 내가 성령 충만하다고 느끼지 않았을 때 중요한 결정을 유보한다. 내가 성령 충만하지 않을 때 결정을 할 때 종종 내 결정은 잘 못 될 수가 있고 나는 믿지 않는 사람과 꼭 마찬가지의 이기적인 결정을 할 수 있기 때문이다."

하나님~~ 날마다 순간마다 성령 충만하게 하소서.

나의 성전건축 이야기 - 1

　언제부터였는지 정확한 기억은 없지만 어릴 때부터 교회에 다녔다. 부모님이나 가족이 다녀서가 아니었다. 그렇다고 복음의 진리를 일찍 깨달은 것은 더욱 아니었다. 그냥 다녔다. 동네에 교회가 있었고 친구들과 그냥 다녔다. 그러다가 중학교 3학년 때 엄마가 돌아가셨다. 아버지와 시골에서 3년을 살다가 고3 때 누님이 살고 있는 김제 읍내로 이사를 왔다. 그리고 다니던 시골 교회를 떠나 읍내교회에 다니게 되었다. 읍내에서 다니게 된 교회는 시골에서 다니던 교회 목사님이 읍내에 오셔서 개척을 한 교회였다. 작은 언덕에 슬레트 건물, 약 10평 정도의 공간에서는 예배를 드리고 그 옆 공간에 사택이 있어서 교회에 가면 목사님 가족과 밥을 먹고 얼굴을 보며 신앙생활을 했다. 그러다가 성도들의 헌금과 서울 영등포교회 어느 권사님의 후원으로 슬레트 건물 바로 옆에 땅을 사서 예배당 건축을 시작했다.

　주일 저녁이나 수요일 저녁 예배를 마치면 신문지 한 장을 들고 포크레인이 파 놓은 지하 구석에 가서 두 손 들고 기도했다. 건축헌금은 못해도 이것이 성전건축의 겨자씨려니 하는 마음으로 간절히 기도했던 기억이 또렷하다.

　고등학교를 졸업하고 신학교에 입학했다. 첫 학기 등록금은 공무원이었던 형님이 지원해 주었다. 그런데 2학기부터 문제였다. 그때 담임목사님이 2학기 등록금을 주시면서 매주 월요일, 학교 가기 전에 예배당 건축 현장에서 잡부일을 하면서 갚으면 된다는 놀라운 은혜를 베풀어 주셨다. 그때부터 월요일은 공사현장에서 못도 줍고 못도 빼고 거푸집도 정리하는 일을 하고 늦게 기차를 타고 학교에 갔다. 그렇게 약 이십여일을 했을 때 "그만 하면 됐다." 하시면서 나머지를 탕감해 주셨다. 참 감사하고 감사한 일이었다. 군에 입대하면서 예배당 입당은 보지 못했지만 이것이 나의 첫 번째라면 첫 번째 예배당 건축에 대한 아름다운 추억이다.

서른아홉 살 여름, 곡성군에 있는 옥과교회 담임목사로 부임했다. 옥과교회는 1904년에 설립한 교회로 부임 당시 95주년이 되었으며 2004년 100주년에 맞추어 100주년 기념 성전을 짓기 위해서 매년 건축헌금을 적금하고 있었다. 그러니까 옥과교회 성전건축은 나의 의지와 상관없이 이미 믿음의 사람들에 의해서 진행되고 있었던 것이다. 그렇게 진행된 성전건축은 수많은 기도와 간증과 함께 입당을 했다. 특히 교회창립 100주년 기념 성전을 건축하는 중심에 자신을 세워주시고 그 일에 함께 헌신할 수 있는 기회가 주어진 것에 대한 감사는 말할 수 없을 정도의 기도와 헌신으로 나타났다.

성전건축헌금을 본격적으로 시작할 때 나이든 어느 권사님께서 지나가는 말로 말씀하셨다. "우리 목사님은 우리 형편을 몰라도 너무 모르신당께." 그렇다. 나는 그분들의 형편을 몰라도 너무 몰랐다. 아니 뻔한 시골 분들의 사정을 가슴깊이 알았다면 성전건축을 진행할 수 있었을까? 이미 응답으로 시작한 성전건축인데 형편과 처지를 보고 머뭇거리거나 뒤 돌아보는 것이 아니라 기도와 응답으로 나가야 함이 옳다고 믿었다. 드디어 3백여 명의 성도들이 옥합을 깨뜨려서 기도와 함께 드린 건축헌금으로 약속하신 성전이 완공되었다. 아무 사고 없이 오직 기도와 감사로 10개월의 공사를 마치고 본당에 의자 들어오는 날을 잊을 수가 없다. 트럭에 실려 온 의자를 온 성도들이 하나가 되어 기쁨과 웃음으로 나르는 모습은 모두가 자기 집 들어가는 듯한 기쁨과 웃음이었다. 이것이 나의 두 번째 성전건축의 추억이다.

2011년 4월, 지금의 광주소망교회 담임목사로 부임했다. 광주소망교회는 개척자이신 원로목사님의 헌신과 사랑으로 화목한 공동체를 이루며 평안하여 든든히 서가는 교회였다. 부임 후 첫해부터 원로목사님과 성도들이 이미 뿌려놓은 씨앗들이 열매를 거두며 매년 250명에서 3백명의 새가족이 등록하면서 교회가 성장하기 시작했다.

두 번 드리는 주일 낮예배의 자리가 부족하고 주차장이 한계에 달하자 교회 주변의 땅과 건물을 하나씩 매입하기 시작했다. 그러나 나의 마음속에는 성전건축이 아니라 교육관을 지어 교육시설을 넓히고 주차공간을 확보하자는 생각을 가지고 있었다. 그런데 예기치 못한 어려움을 만나면서 교육관 건축이 성전건축으로 바뀌게 되었다.

나의 성전건축 이야기 - ②

교육관 건축을 하기로 하고 진행을 하는데 건축위원회 의견이 하나로 모여지지 않았다. 서로 다른 주장을 하면서 내놓은 계획은 하나가 되지 못하고 엇갈린 평행선을 긋고 있었다. 또한 제시한 두 가지 교육관 건축금액은 처음 생각한 것 보다 훨씬 상회하는 것이었다. 어떻게 해야 할지를 기도하고 고민하다가 교육관 건축을 포기하고 예배당 건축을 제안했다. 교육관 건축이 예배당 건축으로 선회하는 순간이었다. 그 순간 교육관 건축이 예배당 건축으로 바뀌자 하나 되지 못한 마음들이 모두 하나가 되어 일사천리로 진행되는 기적의 은혜가 있었다.

예배당을 건축하면서 수 많은 은혜가 많지만 몇 가지 은혜를 나누려고 한다.

먼저, 만남의 은혜이다. 인생은 만남이라고 하지 않던가. 곡성 옥과교회에서 예배당 건축을 맨 처음 할 때 먼저 건축한 선배 목사님들이 귀에 딱지가 붙도록 들려준 이야기는 한결 같이 사람을 조심해야 한다는 것이었다. 특히 장로의 직분을 가진 업자(業者)들을 조심해야 한다는 것이었다. 두 번째 예배당을 건축하면서 저를 걱정해주고 염려해주는 분들이 한결같이 해주는 말 역시 사람을 조심해야 한다는 것과 장로 직분을 가진 업자들을 조심해야 한다는 것이었다. 우리는 건축을 하면서 사람을 만나는 은혜가 컸다. 설계자를 선정할 때는 두 번의 어려움이 있었지만 설계자가 결정되자 시공회사와 감리를 하나님의 은혜로 순적하게 만날 수 있었다. 그것이 기초가 되어 코로나 시국에도 공사중단은 물론이고 한 건의 안전사고 없이 완공하게 되었다.

두 번째는 코로나라는 시국을 만난 것이다. 건축이 시작되면서 그렇지 않아도 부족했던 주차장 문제가 현실이 되었다. 그러나 우리 교회가 아파트로 둘러싸여 있어서 걸어서 올 수 있는 성도들이 많았고 주변의 아파트 주차장을 이용할 수 있었으며 항존직을 비롯한 모든 성도들이 솔선수범하여 멀리 주차를 하거나 걸어서 교회에 오곤 했다. 그런 은혜로 건축이 시작되어 주차장이 사라진 현실에서도 이겨낼 수 있었다. 건축이 시작된지 5개월 째가 되면서 본격적인 코로나 정국이 시작되었다. 예배를 드릴 수 없는 시국이 된 것이다. 많은 사람들은 코로나 시국에 큰 일을 감당했다고 하지만 우리는 성전에서 예배할 수 없는 시간에도 예배당 건축이 계속되었으며 최소한의 인원들만 올 수 밖에 없는 상황이 주차장 문제를 스스로 해결하는 계기가 되었다.

세 번째는 성도들의 눈물과 사랑이 담긴 헌금이다. 두 아들을 목양실로 데리고 와서 기도 받고 건축헌금을 드린 가정, 용돈을 모아 드린 중학생, 아이들의 돌 반지를 몽땅 팔아서 드린 가정, 지금까지 정성껏 모은 금목걸이와 팔찌를 모두 드린 가정, 군 복무 중에 받은 월급을 꼬박 꼬박 모았다가 전역 후 드린 청년, 통장 일을 하면서 받은 월급을 적금을 했다가 드린 권사님, 10년 부은 상조적금을 해약하고 드린 집사님, 친정 부모님이 집 대출금 갚으라고 준

돈을 몽땅 드린 가정, 상가 월세 첫 열매를 드린 가정, 인턴 첫 열매를 드린 청년, 태어나면서부터 받은 용돈을 모아 모두 드린 유치원생과 초등학생, 알바해서 얻어진 첫 열매를 드린 권사님, 어렵게 들어간 직장에서 받은 첫 열매를 드린 집사님, 교통사고를 당해서 받은 보험금을 모두 드린 집사님, 집을 줄여가면서까지 가족 수대로 헌금한 가정…. 어찌 이 놀라운 은혜의 간증들을 글로 다 담을 수 있겠는가.

네 번째는 기도의 열매이다. 예배당을 건축하면서 내건 구호는 "주님이 하실 것입니다. 주님이 하셨습니다. 주님의 은혜로 지어집니다"였다. 예배당 건축을 하기 전에 '일 백번 기도드리기' 기도문을 작성하여 입당하기 전까지 149,400번을 성도들이 정성을 다해서 읽으며 기도했다. 예배당 기공 감사예배를 드린 다음 날부터 '12시간 릴레이 기도'를 입당하기 전주까지 80주차 진행했으며 전교인이 동참하는 '신구약 성경이어쓰기'는 일곱 번 진행하였다. 예배당 입당 후에는 '성전건축 완공감사 릴레이 기도회'로 이어갔고 지금은 그 은혜를 가슴에 담고 '12시간 릴레이 기도'를 계속 이어가고 있다.

예배당을 건축하고 나서 가슴에서 터져 나오는 고백은 "하나님이 하셨습니다"였다. 정말 하나님의 은혜가 아니면 어찌 이런 일을 이룰 수 있었겠는가? 그리고 함께해주신 광주소망의 모든 성도님들, 맨 앞에서 이런 저런 일들을 몸으로 막아주신 사랑하는 우리장로님들을 비롯한 모든 건축위원들, 그리고 18개월의 공사 시간의 소음을 묵묵히 참아내 주신 이웃 주민들께 감사의 박수를 보냅니다.

모든 영광 우리 주님께!!

이놈은 이놈이고 저놈은 저놈이다

　장신대 김도일 교수가 아동문학가 이현주 목사를 소개하는 글을 읽었다. 이현주 목사가 어렸을 때 집에서 돼지를 키웠는데 키가 작았던 이현주 목사는 싸릿대로 세운 돼지우리 위로 쌀뜨물을 부어주기가 여간 힘든 게 아니었다고 한다. 하루는 비가 주룩주룩 내리는 날이었는데 어머니는 옆에서 다른 일을 하고 자신은 하던대로 돼지에게 쌀뜨물을 부어주려고 까치발을 치켜세웠다. 그런데 물을 붓는 순간 실수로 미끄러지면서 쌀뜨물을 돼지 밥통 옆에 쏟고 말았다. 그때 그의 어머니가 했던 말이 이랬다고 한다.

　"야 이놈아, 네 사촌 대성이는 학교 공부도 1등 하면서 집안일도 잘 돕는데 넌 이깟 일도 못하냐!" 그러면서 싸리 빗자루로 등짝을 후려치더라는 것이다. 어머니가 오늘 내가 잘못한 것만 가지고 성화를 냈다면 웃으며 도망쳤을 일이지만 그날만큼은 어린 그에겐 무척 상처가 됐다고 한다. 그렇지 않아도 사촌 형 생각만 하면 기가 죽었던 그였던지라 어머니의 말이 영 거슬리고 서글퍼서 빗줄기에 눈물을 숨겼다고 한다. 그는 싸리 빗자루 세례를 맞고 난 뒤 손가락으로 이런 글을 쓰면서 절대 남들과 비교하지 않겠다고 다짐했다고 한다. '이놈은 이놈이고 저놈은 저놈이다. 왜 사람과 사람을 비교하는가. 그건 악마나 할 짓이다.'

가장 비참한 인생이란 무엇을 말하는 것일까. 가난함, 무식함, 배고픔… 아니다. 인생의 비참함이란 가난에서 오는 슬픔이 아니다. 실패에서 오는 고통도 아니다. 배고파 흘리는 눈물은 더욱 아니다. 재능이 모자라서 내뱉는 탄식도 아니다. 인생의 가장 큰 비참은 '비교'로부터 온다. 비교란 인간이 선택할 수 있는 가장 어리석은 행동이다. 그래서 비교란 '자살폭탄'과 같다. 사탄은 끊임없이 비교를 통해 우리를 절망으로 유혹했고 타락으로 끌어내렸다.

많은 사람들이 왜곡된 자아상으로 괴로워한다. 없는 것에 불평하고, 있는 것에는 만족하지 못한다. 부모에 대한 원망과 자신에 대한 자책, 형제들과의 끊임 없는 비교가 가정을 불행의 나락으로 내몰았다. 그러므로 자아상은 개인적 성공에만 머무르지 않고 우리네 가정의 행복의 열쇠가 된다. 자아상이 건강하지 못하면 상대방의 사랑마저 거부하기 때문이다.

"자신을 남과 비교하지 마라. 그것은 자신을 모욕하는 것이다." 빌 게이츠가 했던 말이다. 인간은 모두 제 각각 다른 인간으로 태어났고, 제 각각 다른 환경에서 자라고 제 각각 다른 성격과 성향을 가졌기 때문에 비교 자체가 불가능하다는 의미다. 사람을 비교하는 건 마치 소나무와 느티나무 중 어떤 나무가 더 똑똑한가? 라는 질문만큼이나 어리석고 모욕적인 질문이다.

한 여성잡지에서 다음과 같은 내용으로 설문조사를 했다. "우리나라 남편들이 이 세상에서 가장 싫어하는 사람은 누구일까?" 그 결과 1위는 바로 "이웃집 남자"였다. 아내들은 언제나 옆집 남자를 들먹이면서 말을 한다는 것이다. "옆집 남자는 돈도 잘 벌어오고, 인간성도 좋고, 날이면 날마다 부인한테 비싼 옷도 덥석덥석 사주고, 집안일도 척척 해내고, 게다가 아이들 교육에다 처갓집 일도 꼼꼼히 챙겨주는데 당신은 뭘하는 거야." 그런데 아무리 이사를 다녀도 우리 옆집엔 꼭 그런 남자만 산다는 것이다.

그리스 철학자 에픽테토스는 말한다. "인간은 일어난 사건 때문이 아니라 그 사건을 바라보는 자신의 시각 때문에 괴로운 것이다." 그렇다. 이놈은 이놈이고 저놈은 저놈이다. 오늘도 내일도 항상 기도하고, 쉬지 말고 기도하고, 범사에 감사하며 살 때 나의 나 됨에 대한 진정한 감사를 고백하며 살 수 있을 것이다.

"그러나 나의 나 된 것은 하나님의 은혜로 된 것이니…"(고전 15:10)

잘 익은 상처에선 꽃향기가 난다

　얼마 전 장애 산악인 최초로 히말라야 14좌(8000m급 봉우리)를 완등하고 하산하던 중 실종된 고(故) 김홍빈 대장의 영결식이 염주 체육관에서 있었다.

　체육관 입구 현수막에는 활짝 웃는 얼굴과 함께 남극에서 썼다는 "손"이라는 시도 함께 걸렸다.

　"두 손이 있을 땐 / 나만을 위했습니다. / 두 손이 없고 나서야 / 다른 사람이 보였습니다. 도움이 필요한 만큼 / 도움을 주고 싶었습니다. / 보이지 않은 / 새로운 손이 /그렇게 말합니다."

　동상으로 열 손가락을 잃고 다른 사람이 보였다면, 더 나가 생기지도 않은 새로운 손이 말하는 소리를 들었다면 그분에게 고난은 상처가 아니라 꽃이었을 것이다.

　두 눈을 뜨고 살아가는 사람 중에 상처 없는 사람이 어디 있을까? 두 귀를 열고 살아가는 사람 중에 상처되는 말을 들어보지 않은 사람이 어디 있을까? 직장을 다니다가 그만 다니고 싶은 생각을 가져보지 않은 사람이 없는 것처럼. 교회를 다니다가 그만 다니고 싶다거나 교회를 옮기고 싶은 생각을 한 번도 하지 않은 사람역시 없을 것이다. 그럼에도 불구하고 그 자리를 믿음으로 지켜내는 분들에게 박수를 보낸다.

나 역시 40여 년 동안 목회를 하면서 교회를 떠나고 싶은 생각을 수 없이 했다면 누가 믿어나 줄까. 그때마다 나를 붙잡은 것은 오직 은혜였다.

어느 병원 앞의 게시판에는 이런 글이 적혀 있었단다. 전갈에 물렸던 분이 여기서 치료를 받았습니다. 그 분은 하루 만에 나아서 퇴원하였습니다. 어떤 분은 뱀에 물렸습니다. 그 분은 치료를 받고 사흘 만에 건강한 몸으로 퇴원했습니다. 어떤 사람은 미친 개에게 물려 현재 열흘 동안 치료를 받고 있는데 곧 나아서 퇴원할 것입니다. 어떤 분은 인간에게 물렸습니다. 그 후 여러 주일이 지났지만 그 분은 무의식 상태에 있으며, 회복할 가망도 별로 없습니다.

나와 너는 예수께서 십자가에서 죽으셨을 만큼 소중한 존재이다. 그렇게 소중한 나와 네가 서로 걸려 넘어져서 피 흘리고 있다면 우리 예수님은 얼마나 마음이 아플까.

송삼용 목사님은 별명이 꼬마 목사로 불릴 정도로 어릴 때부터 열심히 교회를 다녔다. 그런데 어느 해 12월 연말시상 때 자기보다 더 결석을 많이 한 집사님의 아들이 상을 받고 한 번도 결석하지 않은 자신에게는 상을 주지 않는 것에 화가 난 꼬마 목사는 그때부터 교회를 다니지 않았다.

그렇게 3년을 쉬었다가 중학교를 미션스쿨에 들어가면서 교회 다니기를 다시 시작했다는 것이다.

7080세대의 귀를 감미롭게 하는 노래 중에 "해가 뜨나 해가 지나 오직 한 마음"을 부르다가 복음가수로 다시 태어난 가수 권태수 집사가 있다. 그는 여섯 살 때 죽어가던 엄마가 교회 사람들이 와서 예배를 드린 후 살아나는 것을 보고 예수 믿기를 시작했다. 그러다 열한 살 때 교회에서 찬송가 경연대회에 참여 했는데 '빈 들에 마른 풀같이'를 힘차게 부르다가 그만 중간에 가사를 잃어버리고 말았다. 이것이 너무 창피했던 어린 소년은 그날로부터 서른세 살이 될 때까지 교회가는 발길을 끊었단다.

서울시가 전국에 있는 일만 명에게 '코로나19 시대에 나를 위로하는 음식'을 물었다. 순위는 이랬다. 1위 떡볶이, 2위 치킨, 3위 김치찌개, 4위 삼겹살, 5위 삼계탕, 6위 라면, 7위 된장찌개, 8위 케이크, 9위 소고기, 10위 닭발.

시험과 환란의 시대에 우리는 어디서 위로를 받고 무엇으로 위로하며 살아야 하는가?

복효근 시인은 "상처에 대하여"라는 시에서 이렇게 표현했다.

"오래전 입은 누이의 화상은 아무래도 꽃을 닮아간다.

젊은 날 내내 속 썩어 쌓더니 누이의 눈매에선 꽃향기가 난다. (중략)

오래 피가 멎지 않던 / 상처일수록 꽃향기가 괸다.

오래된 누이의 화상을 보니 알겠다.

향기가 배어나는 사람의 가슴속엔

커다란 상처 하나 있다는 것

잘 익은 상처에선

꽃향기가 난다."

"수고하고 무거운 짐 진 자들아 다 내게로 오라 내가 너희를 쉬게 하리라." (마 11:28)

최목사님! 광주입니다. 광주!

　얼마 전 우리 동(洞)에 동장님이 새로 오셨다. 동장님께서 사무장님과 함께 인사를 오셔서 내미는 명함을 받고 깜짝 놀랐다. 내가 너무 존경했던 장로님과 성(性)이 거의 비슷할 뿐 아니라 이름은 정확히 같았기 때문이었다. 서른아홉 살에 시작한 담임목사가 순탄할 리가 없었다. 그런데 기가 막히게 순조로왔고 모든 것이 은혜로 흘러갔다. 그때 이웃교회 선배목사님은 우리 교회가 은혜로 성장하는 데는 그 장로님이 있기 때문이라고 하셨다. 그때는 교만한 생각에 웃기만 했다.

　그런데 세월이 흐를수록 그 장로님의 섬김이 얼마나 귀했는지가 깨달아졌다. 당회를 하면서 이런저런 일을 놓고 의견이 갈릴 때면 "조용히 계세요. 목사님의 의견을 물어서 목사님 하시자고 하는 대로 합시다." 이 한마디에 당회는 잠잠해졌고 큰 형님 같았던 장로님들은 순종으로 함께해 주셨다. 주일을 포함해서 휴가를 가는 것이 쉽지 않던 때에 "목사님들은 주일을 쉬는 것이 진짜 휴가입니다. 이번부터는 주일을 포함해서 휴가를 드립시다." 이렇게 해서 난생처음 주일을 다른 교회에서 드려보는 호사(?)를 누리게 된 것도 그분의 배려였다.
　성전을 건축하면서 이런저런 일들로 머리 아파하는 나에게 "목사님 제가 서른네 살에 장로가 되었는데요 이런저런 소리 다 들었습니다. 조금만 참으시면 모두 다 지나갑니다." 그래서 이런저런 소리에 흔들리지 않고 조금만 참았더니 이런저런 소리는 바람에 흩날리는 낙엽처럼 사라졌다. 이제는 천국으로 이사 가셨지만 생각만해도 좋은 장로님이었다. 그래서 나도 모르게 그 장로님과 이름이 비슷한 우리 동장님을 좋아하게 될 것 같다.

얼마 전 등록하신 새가족을 심방했다. 언제나 그랬지만 요즘 시대에 새가족 한사람, 한 가정은 소중하기 이를 데 없다. 심방을 갔는데 우리 교회 등록을 하는데 한가지 어려움이 었었다는 고백을 하셨다. 그것은 내 이름 때문이었다는 것이다. 전에 섬기던 교회가 어려워지는데 한 몫을 한 분의 이름이 나의 이름과 아주 비슷했기 때문이란다. 그래서 한바탕 웃었다. 또 어느 새가족은 목장 편성을 보고 목자의 이름이 자신을 심하게 괴롭혔던 분의 이름과 발음이 비슷하다고 해서 또 한바탕 웃었다. 내가 아는 어느 목사님은 특정 성(性)씨를 심하게 싫어한다. 이유는 분명하다. 섬기는 교회마다 그 특정 성씨를 가진 장로님이 목사님을 아주 심하게 괴롭혔기 때문이다.

아! 우리는 경험 속에 갇혀 사는 연약한 존재. 그래서 은혜로 해석해야 하고 좋은 경험을 만들어야 하며 선입관과 편견을 넘어 설 수 있는 유일한 힘은 오직 십자가 뿐임을 고백하게 하심을 다시 깨닫게 된다.

10년 전, 광주소망교회에 부임하기 전에 평소 존경하는 어느 목사님을 찾아가서 인사를 드렸다. 10년이 지났지만 그 선배 목사님이 저에게 해준 조언은 아직도 귀에 쟁쟁하다. "최목사! 광주입니다. 광주."

　그 분은 광주 출신은 아니었지만 광주에서 몇 년을 목회하셨다. 그분의 목회 사정은 다 알 수 없지만 광주에서의 목회가 순탄하지만은 않으셨던 것 같았다. 광주에 온 지 10년, 이런저런 이유로 교회를 쉽게(?) 옮기려고 하는 사람들을 볼 때마다, 교회를 건축 할 때 심하게 민원을 제기하는 이웃 사람들을 볼 때마다, 나를 돌아보는 기회를 삼으면서도 그 선배 목사님의 조언이 생각나는 것은 나 역시 선입관과 편견에 사로잡힌 볼품없는 목사라는 증거가 아니겠는가.

　어디서 읽었는지는 정확하게 기억이 나지 않지만 결론은 분명하게 기억하는 이야기가 있다. 어느 외국인이 우리나라에서 살다가 정한 기간이 다 되어 자기 나라로 가는 비행기 속에서 동료와 이야기를 나누게 되었다. 그때 동료는 구체적인 예를 들면서 한국 사람은 이래서 안 좋고 저래서 안 좋다고 말했다. 그때 이분이 분명하게 하신 말은 "한국 사람들이 나쁜 것이 아니라 그 사람이 좋지 않은 것입니다." 맞는 말이다. 한 사람의 잘못을 전체의 성향으로 매도하거나 특정한 성씨나 이름을 가진 사람의 좋지 않은 경험을 전체로 확대해석 해서는 안 된다. 거기다 특정한 지역이 가진 역사성과 독특성을 배제한 채 어느 지역을 한 자루에 모두 담아 버린다면 큰 실수를 하는 것이다.

　나는 '최씨' 다. 그래서 '최씨' 하면 바로 등장하는 것이 '고집' 이라는 단어다. 그러나 내가 만난 '그 최씨' 가 고집이 센 것이지 '모든 최씨' 가 고집이 센 것이 아니라고 하면 아전인수격인 웃기는 해석인가? 같이 살고 있는 아내가 "당신은 고집이 세"라고 하니 나는 고집 센 최씨 인 것은 맞는 것 같다.

　"이에 예수께서 무리와 제자들에게 말씀하여 이르시되 서기관들
과 바리새인들이 모세의 자리에 앉았으니 그러므로 무엇이든지 그
들이 말하는 바는 행하고 지키되 그들이 하는 행위는 본받지 말
라." *(마 23:1~30)*

그건 우연이 아니었습니다

수학자 조지프 마주르(Joseph Mazur)가 쓴 "그건 우연이 아니야"라는 책에 이런 이야기가 나온다. "어느 유월, 미국 작가 앤 패리시는 남편과 함께 파리에 있었다. 센 강변의 헌책방들을 돌아다니며 매대에 놓인 책들을 살폈다. 그때 헬렌 우드가 쓴《잭 프로스트 그리고 다른 이야기들》이 눈에 띄었다.

패리시는 1프랑을 주고 사서 '내가 어렸을 때 제일 좋아한 책이야.' 하며 남편에게 건넨다. 남편은 책을 한 장씩 넘겨 보다 잠시 침묵하더니 이내 그녀에게 다시 건넨다. 펼쳐진 곳은 백지였고, 한 어린이의 삐뚤빼뚤한 글씨로 이름과 주소가 쓰여 있었다. '앤 패리시, 209 노스 웨버 스트리트, 콜로라도 스프링스, 콜로라도.' 그녀 자신이 어릴 적 본 책을 다신 만난 것이다." 와~~ 어릴 적 내가 보던 책, 내 이름과 주소가 적힌 바로 그 책, 미국에서 읽었던 책을 프랑스 파리 헌책방에서 다시 만나서 내 책으로 만드는 이 엄청난 일이 일어날 확률은 얼마나 될까? 수학자 조지프 마주르가 계산한 결과 0.0003퍼센트였다.

우리의 만남은 우연이 아니라는 유행가 가사가 생각난다. 이 세상에 우연이 있을까? 특히나 사람을 만나는 관계에서. 사람들은 아무런 인과 관계가 없이 뜻하지 않게 일어난 일을 "우연(偶然)"이라고 한다. 하지만 이것은 합리적인 이유를 찾아낼 수 없을 때 하는 변명일 뿐이다.

세상의 모든 일은 '우연히' 되는 것이 아니고, 하나님의 '섭리(攝理)' 가운데 되는 것이다. 사람이 결정한 대로 움직이는 것 같지만, 그 속에 하나님의 섭리가 있다. 그래서 우연이란, '자신이 하신 일을 숨기시는 하나님의 겸손함'이라고 하지 않던가. 하나님은 '스스로 숨어 계시는 분'이다. 하나님은 숨어서 우리를 도와주시는 분이다. 자신을 드러내지 않고, 마치 우연히 된 것처럼 우리를 돕고 계신다는 것이다.

김소월(본명은 김정식) 시인의 시집 '예전엔 미처 몰랐어요'를 읽다가 김소월이 시인으로서의 눈을 뜨게 동기를 알게 되었다. 열세 살에 들어간 오산학교에서 평생의 스승인 김억을 만나서 시에 눈뜨게 되었다니 우연 같지만 섭리적 만남이 얼마나 중요한가를 다시 생각하게 되었다.

우리나라 기독교사에 위대한 인물 중 '사랑의 원자탄'으로 유명한 손양원 목사님이 있다. 그런데 손양원 목사님이 믿음의 족적을 남길 수 있었던 것은 또 한 분과의 훌륭한 만남에서 시작되었다. 그 분은 손양원 목사님이 전도사 시절인 스물두 살 때에 경남성경학교에서 만난 주기철 목사님이다. 그때 주위 사람들이 "주기철 목사님이 지구라면 손양원 전도사는 그 주위를 도는 달과 같았다"고 이야기할 정도로 그 분에게서 철저한 신앙을 배웠다.

그리고 보면 하나님은 나에게 참 좋은 만남의 은혜를 주셨다. 그 중 최고의 선물은 원로목사님과 장로님, 그리고 동역자들과의 만남이다. 전에 섬기던 교회는 31년을 시무하시고 은퇴하신 원로목사님이 계셨고 지금 교회는 개척하시고 36년을 섬기시고 은퇴하신 원로목사님이 계신다. 무슨 은혜가 그렇게 많은지 두 분의 원로목사님은 나의 사역에 징검다리 같은 분이셨다. 장로님들은 또 어떤가. 부교역자 때 장로님들이 무섭기까지 했다. 그런데 서른아홉에 시작한 담임목사는 좌충우돌이었지만 형님같은 장로님들의 한결같은 지원을 받았다. 이건 어쭙잖은 우연이 아니라 필연코 하나님의 섭리리라.

중앙일보와 연세대학교 사회발전연구소는 한국사회의 연결망(네트워크) 조사에 매달린 끝에 '세상 참 좁다'라고 반 농담조로 말해오던 우리 사회의 연결 구조를 밝혀냈다. 사회과학적으로 '3.6'이란 수치를 얻어낸 것이다. 전혀 모르던 사이끼리도 평균적으로 3.6명만 거치면 다 아는 사이가 된다는 뜻이다. 3.6은 우리 몸의 체온(36.5)이 녹아내린 수치일까? '한번 스치고, 말 사람인데'가 아니라 '혹 저 분일 수도' 이런 마음가짐으로 사람을 대하면 금방 세상은 따뜻해질 것이다. 아시죠. "세상에 모르는 사람은 없다. 다만 아직 사귀지 못한 친구가 있을 뿐"이라는 말.

오늘도 숨어서 우리를 도와주시는 하나님!! 그래서 지나치면 우연처럼 보이지만 자세히 보면 섭리하심으로 함께 하시는 하나님!! 오늘도 내 곁의 모든 분들과 만남의 은혜를 주셔서 감사합니다.

네 목에 칼을 두라

어느 날 텔리비전에서 광고를 보다가 내 이름을 부르는 소리에 깜짝 놀란 적이 있었다. 배우 송중기가 온갖 멋에 맑은 목소리로 내 이름을 부르고 있었다. "정원아~ 오늘도 부탁해, 정원아~ 특별한 맛으로, 정원아~ 하루가 즐거워, 오늘을 더 맛있게 청정원!"

광고 멘트였지만 분명하고 정확하게 내 이름을 그것도 세 번이나 부르는 광고를 보면서 많은 생각을 했다.

김춘수 시인은 '꽃'이라는 시에서 "내가 그의 이름을 불러 주기 전에는 / 그는 다만 / 하나의 몸짓에 지나지 않았다. / 내가 그의 이름을 불러 주었을 때 / 그는 나에게로 와서 / 꽃이 되었다."라고 노래하고 있지 않은가.

사실 우리는 하나님이 내 이름을 기억하시고 불러 주셔서 인생이 바뀐 사람들이다. 창세기 22장의 아브라함은 아들 이삭을 모리아산에서 순종함으로 바치려는 순간 "아브라함아 아브라함아" 두번 연거푸 부르시는 음성을 듣는다. 그리고 아브라함은 순종의 아버지가 된다. 사도행전 9장에서 다메섹으로 달려가는 사울을 향해 "사울아 사울아" 역시 두 번 부르시는 그 은혜 속에 사울은 이방인을 위한 하나님의 그릇이 되었다.

20여 년 동안 노숙인 무료급식과 남·여 노숙인 쉼터를 운영하는 유정옥 사모님이 쓴 '말하지 않아도 들리는 소리'라는 책에서 결정적인 순간에 자신을 찾아오신 하나님을 소개한다.

어느 날 묵직한 우편물을 받아 열어보니 다섯 장의 편지가 들어 있었다. 사모님과 함께 동역했던 분이 쓴 편지였는데 편지의 내용은 처음부터 끝까지 사모님을 난도질하는 내용이었다.

"너는 노숙인을 빙자하여 네 배를 불리는 나쁜 도둑…."

손이 부들부들 떨렸고 피가 거꾸로 솟는 기분이었다. 그는 자리에 앉아서 두시간 동안 조목 조목 반론하는 편지를 열다섯 장을 썼다. 그리고 우체국에 가지고 갔는데 너무 두꺼워서 일반 봉투에는 들어가지 않아서 서류 봉투를 사서 넣고 우표를 붙이려는데 주님의 음성이 들렸다. "딸아 그렇게도 할 말이 많더냐. 나는 얼마나 할 말이 많겠느냐…."

그 순간 그 자리에 서서 말없이 울었고 그에게 썼던 15장의 편지를 찢어 쓰레기 통에 넣었다. 그리고 보름이 지나서 전화가 왔다. "사모님 제가 죽을 죄를 지었습니다." 그는 우느라 말도 제대로 하지 못했다. 지금 그는 브리스길라와 아굴라 같은 목이라도 내놓을 신실한 동역자 되어 내 곁에 와 있다는 것이다.

어떻게 그 억울함과 분함을 견디고 그 웬수 같은 사람과 행복한 동역을 할 수 있을까?

그렇다. "딸아 그렇게도 할 말이 많더냐. 나는 얼마나 할 말이 많겠느냐."는 하나님의 말씀이다. 만약 그 순간 억울하고 분한 생각으로 가득 찼다면 편지는 보내졌을 것이며 두 사람은 평생 원수가 되었을 것이다. 그러나 그 순간에 찾아오신 하나님의 은혜, 불러주시는 그 분의 특별하신 은혜가 모두를 살린 것이다.

울산 온양순복음교회를 섬기는 안호성의 책 '시퍼렇게 살아계신 하나님'에서 자기 아버지 이야기를 한다. 아버지는 동네 유명한 주먹이었단다. 얼마나 악했는지 아버지가 해병대에 지원해서 월남 전에 갔을 때 동네 사람들이 "저 놈은 죽어서 돌아오지 않았으면 좋겠다."라고 말했을 정도니 말이다. 그런데 살아오셨다. 어느 날 한 분의 부탁으로 서울 대조동 순복음 신학교 수위실에서 대신 숙직을 서게 되었는데 믿음이 전혀 없던 아버지는 신학교 수위실에서 소주와 담배를 가지고 가서 병나발을 불다가 벽에 걸려 있는 섬뜩한 그림을 봤는데 그것은 피 흘리시며 십자가에 죽으신 예수님의 사진이었다. 그 사진을 보고 "저 새끼는 뒤져도 참 더럽게 뒤졌네. 도대체 무슨 죄를 지었길래 더럽게 뒤진거야"하고 중얼거리는 순간 음성이 들렸다. "바로 너 때문이야." 너무도 생생하여 주위를 둘러봐도 아무도 없었단다. 그 순간 자신이 지었던 죄가 영화처럼 머릿속을 지나갔고 그 자리에서 무릎을 꿇고 회개하였단다. 그리고 신학교가 그 분들의 종님들이 공부하는 곳이니 신학교에 들어가서 허드렛일을 시작했는데 어느 선교사님의 눈에 띄어 입학을 권유받고 신학 공부를 시작해서 목회자가 되었다는 것이다. 참으로 은혜, 은혜 은혜가 아닐 수 없다.

서른두 살 어느 날, 장신대 도서관에서 그날도 일용할 양식으로 큐티를 하는데 지금도 가슴에 간직하는 말씀이 가슴으로 파고 들었다.

"네가 만일 음식을 탐하는 자이거든 네 목에 칼을 둘 것이니라." (잠 23:2) 그때부터 가슴에 담은 말씀 "네 목에 칼을 두라."

"내가 주께 범죄하지 아니하려 하여 주의 말씀을 내 마음에 두 었나이다."(시 119:11)

십자가 문신을 지우고 있는 아이들

목회하면서 많이 듣는 말 중의 하나는 "우리 애들이 어릴 때는 교회를 잘 다녔는데… 중고등학교 때까지는 회장도 하고 그랬었는데… 청년회장까지 했던 아이였는데 그런데 지금은…"하며 말을 끝내지 못하는 어머니들의 안타까운 소리이다. 그때는 교회안에서 잘 살던 그 녀석들이 지금은 교회를 떠나 세상 속에서 잘사는(?) 그 자식을 믿음의 눈으로 바라보니 답답하고 죄송하여 얼굴을 들 수 없단다. 그래도 그 자식들이 다시 회복되기를 바라며 오늘도 기도하는 어머니 아버지의 간절함이 담긴 하소연이리라. 이 세상 어디 쉬운 것이 하나라도 있으랴만은 자식 키우는 것이 가장 어려운 것 중의 하나이리라. 자식을 내가 키우는 것은 아니지만 믿음 있는 부모들은 믿음의 자녀들이 자자손손 하나님의 나라와 교회에서 기둥같이 쓰임 받길 얼마나 기도하며 기대하고 있는가.

이집트는 전체 국민의 90% 이상이 무슬림인 이슬람 국가이다. 이곳에 인구의 약 3~5%를 차지하는 기독교인(곱트교)들이 있다. 이들은 이집트 카이로 시내에서 조금 벗어난 모까담 지역에서 살고 있는데 이곳은 관광객들로 붐비는 카이로 시내와는 전혀 다르게 집집마다 쌓아놓은 쓰레기 더미로 비좁은 골목은 거대한 쓰레기장이나 다름없어 보이는 곳에 살아간다.

모까담은 카이로의 쓰레기 수거하는 일을 하는 자발린들이 모여 거주하는 지역으로 쓰레기 마을로 유명하다. '자발린'은 아랍어로 '쓰레기'를 의미하는 말인데, 19세기 말부터 카이로의 집주인들과 계약을 맺고 각 가정의 쓰레기 수거일을 하기 위해 이주해 온 이들을 이르는 말이다. 카이로에 거주하는 자발린은 모두 약 10만 명. 카이로에서 발생하는 전체 쓰레기의 3분의 2가 이들에 의해서 처리되고 있다. 자발린들이 각 가정을 돌며 쓰레기를 수거해주고 받는 돈은 고작 한 달에 3이집트 파운드, 우리 돈 600원 정도. 왜 이들은 이곳 들어와서 '자발린'이라고 불리우면서도 이곳을 지키며 살아갈까. 이곳은 무슬림 천국 이집트에서 유일하게 신앙을 지키며 살 수 있는 곳이기 때문이다.

이 쓰레기 마을 골목을 지나다 보면 돌맹이로 자신의 손목을 문지르며 흐느껴 우는 아이들을 볼 수 있다. 이집트 기독교인들은 아이가 태어나서 6개월이 되면 아기의 손목에 십자가 문신을 새겨준다. 이것은 어떤 경우에도 내가 예수의 피로 구원받았다는 사실을 잊지 말라는 부모들의 신앙이 담겨진 문신이다. 그런데 이 아이들이 철이 들면서 이집트에서 기독교인으로 사는 것이 얼마나 힘든가를 알게 되면 흐느껴 울면서 부모가 새겨준 십자가 문신을 지우는 모습을 어렵지 않게 볼 수 있다는 것이다.

우리 믿음의 선배들은 무슨 일이 있어도 믿음만은 지켜야 함을 행함과 진리로 보여주었다. 오늘도 그 후손들은 돌맹이로 새겨진 십자가 문신을 지우면서도 이 세상을 십자가의 은혜로 이겨보려고 영적 전쟁을 하고 있는 것이다.

주기철 목사님의 막내 아들인 주광조 장로님이 쓴 "순교자 나의 아버지 주기철 목사"에서 아버지 주기철 목사와 어머니 오정모 사모와의 마지막 면회였던 1944년 4월 21일 오후를 다음과 같이 회상하고 있다. 아버지는 간수의 등에 업혀 나오셨다. 그 주 목사님을 맞이한 어머니는 이렇게 말씀하셨다. "당신은 꼭 승리하셔야 합니다. 결단코 살아서는 이 붉은 문 밖을 나올 수 없습니다."

　남편의 마지막을 바라보면서 가슴 찢기는 아픔을 느꼈겠지만 어머니는 아버지께 이렇게 첫 마디를 꺼내셨다. 그 어머니의 말을 받았던 아버지는 거기에 화답하듯 이렇게 하셨다. "그렇소, 내 살아서 이 붉은 벽돌문 밖을 나갈 것을 기대하지 않소. 나를 위해서 기도해 주오. 내 어머니와 어린 자식을 당신에게 부탁하오. 내 하나님 나라에 가서 산정현 교회와 조선교회를 위해서 기도하겠소. 내 이 죽음이 한 알의 썩은 밀알이 되어서 조선교회를 구해 주기를 바랄 뿐이요." 그리고 아버지는 간수의 등에 업혔다. 어린 광조는 아버지와 어머니가 나눈 범상치 않은 이 대화가 어린 나이의 경험이지만 영과 육에 뿌리 깊이 박혔으리라. 그리고 그 은혜는 평생의 지렛대가 되었고 삶의 이정표가 되었을 것이다.

　지금은 살기 위해 어쩔 수 없이 세상과 적당히 타협하며 살아가는 것이 지혜의 처세술처럼 되어버린 시대이다. 부모가 신앙으로 새겨준 십자가 문신을 울면서 지우는 아이들을 보면서 우리는 우리의 자식들에게 무엇을 어떻게 보여주고 들려주며 살아야 하는가. 결코 쉽지 않은 과제 앞에 우리가 보여주어야 할 것은 자기 십자가를 지고 묵묵히 걸어가는 뒷모습이 아닐까.

아닙니다! 당연하지요!

　미 동부 보스턴 북쪽에서 한 시간가량 떨어진 뉴햄프셔주 엑시터시에는 1781년 설립된 필립스 엑스터 고등학교(Phillips Exeter Academy)가 있다. 이 학교는 설립 당시 남학교였다가 1970년 부터는 남녀공학으로 전환했다. 이 학교는 하버드대학 예비학교라고 일컬어질 정도로 다수의 학생들이 미국 명문대학에 진학한다.

　필립스 엑스터 고등학교가 이처럼 오래 동안 최고의 명문을 유지할 수 있는 비결은 우선 학생들의 비판적 사고와 발표력을 키워주는 원탁수업(Harkness Table) 방식으로 유명하다. 그리고 풍부한 재정으로 중산층 이하의 학생들은 전액 장학금을 지급하여 가장 우수한 학생들을 선발하고 있다는 점이다. 그러나 이 학교가 최고의 명문이 될 수 있었던 비결은 따로 있다. 이 학교 강당에 학교를 빛낸 졸업생들의 사진이 걸려 있는데 그 사진의 주인공들은 대통령과 같은 정치 지도자나 재계의 거물들이 아니다. 그렇다고 노벨상을 탄 과학자나 저명한 문인도 아니고 미국에 지대한 영향을 미쳤던 언론인이나 예술가들 역시 아니다. 그들은 바로 조국의 부름을 받고 세계 1,2차 대전, 한국전과 베트남전에서 순직한 군인들이다.

　그러니까 이 학교는 최고의 가치를 조국의 부름을 받고 목숨을 바친 동문들에게 돌리면서 이 사진을 바라보는 학생들에게 자신을 위해 성공하고 출세한 사람보다 남을 위해 헌신하고, 나라를 위해 목숨을 바친 사람들이 진정한 위대한 사람들임을 말없이 가르치고 있는 것이다.

경남 거창에 가면 전영창 선생이 세운 거창고등학교가 있는데 그 학교 강당에 '직업 선택의 십계'가 걸려있다. 그중 몇 가지를 보면 1. 월급이 적은 쪽을 택하라! 3. 승진의 기회가 거의 없는 곳을 택하라! 6. 장래성이 전혀 없다고 생각되는 곳으로 가라! 9. 부모나 아내나 약혼자가 결사반대하는 곳이면 틀림없다! 기독교 정신으로 세워진 이 학교의 가치와 목표를 분명하게 나타내고 있다. 그런데 우리는 이 길을 가고 있는가? 아니 우리 자녀들이 이런 길을 선택하겠다고 할 때 흔쾌히 박수쳐 주고 등 밀어 줄 수 있는가 말이다. 나를 넘어 남을 섬긴다는 것, 우리 교회를 넘어 다른 교회를 위해 기도한다는 것, 우리나라를 넘어 세계를 품고 섬김과 나눔을 실천한다는 것은 말처럼, 생각처럼 결코 쉬운 일이 아니다.

다일공동체를 시작한 최일도 목사님의 이야기이다. 다일공동체 초창기 시절, 돌아가신 한경직 목사님을 찾아 뵈었을 그때, 한 목사님은 최일도 목사님에게 평생 잊지 못할 덕담을 주셨다는 것이다.

"최 목사님, 거 남들이 하기 어려운 귀한 빈민 선교를 해 주셔서 고맙게 생각합네다. 최 목사님, 그 어려운 일을 하다 보면 거저 많은 사람들이 인정해 주기도 하고 칭찬해 주기도 하고 또 여기저기서 상을 주려고도 할 겁니다. 그 때마다 '아닙네다! 아닙네다!' 하시길 바랍니다! 자기를 부인하고 자기 십자기를 지는 마음이 있어야만 주님이 가신 섬김의 길을 걸으며 우리 주님이 원하시는 섬김을 실천합니다!" 그리고 한 말씀 더 하셨단다. "그런데 말입니다. 이렇게 귀한 사역을 하는 목사님을 위로하고 격려는 못할 망정, 시기하고 질투하고 더러는 중상 모략을 하기도 하고, 핍박하는 사람도 있을 겝니다. 억울한 일을 당할 때 마다 '거저 당연하디요! 당연하디요' 하며 당연하게 받으시길 바랍니다!"

그 후로 한경직 목사님을 몇 번 더 찾아 뵈었지만 그 때는 의사소통이 불가능해서 그때 해주신 말씀이 결국엔 유언이 되었단다. 한경직 목사님의 유언 같은 덕담을 가슴에 담고 박수 쳐줄 때는 "아닙니다 아닙니다", 억울하고 분할 때는 "당연하지요. 당연하지요."를 외치며 살았는데 "아닙니다"보다는 "당연하지요"라고 할 때가 훨씬 어렵고 힘들었다는 고백이다. 성공과 번영의 세상적 가치관이 가득한 이 세상에 살고있는 우리들이, 나의 약함을 자랑하며 남을 섬기며 산다는 것은 은혜가 아니면 그 어느 것 하나도 할 수 없다. 더군다나 억울하고 애매한 소리를 들으면서도 그 길을 묵묵히 간다는 것은 참 어렵다. 그러나 우리가 힘들어도 그 길을 가야 하는 이유는 우리 예수님이 먼저 가셨기 때문에, 그리고 먼저 가보신 그 분이 이 길이 맞다고 증명해 주셨기 때문이다. 주여! 오늘도 "아닙니다" "당연하지요"를 외치며 겸손히 주의 길을 가게 하소서!

"인자가 온 것은 섬김을 받으려 함이 아니라 도리어 섬기려 하고 자기 목숨을 많은 사람의 대속물로 주려 함이니라."(마 20:28)

회의(會議)의 영성(靈聖)

이런 우스운 이야기가 있다. 어느 교회 집사님이 목사님을 대접하기 위해 횟집으로 모셨다.

"목사님! 무슨 회를 드시겠습니까?" 그러자 목사님 대답이다. "예, 무슨 회든 다 잘 먹습니다. 단 두 가지 회만 빼놓고요." "그게 무슨 횝니까?" "예, 당회와 제직회입니다." 대부분의 목사님들이 공감하는 유머이면서 우리의 현실이기도 하다. 목회하면서 당회나 제직회, 그리고 공동의회 석상에서 당황하거나 어려움을 겪어보지 않은 분들이 어디 있으랴. 그러나 회의는 교회에서 대단히 중요한 자리를 차지한다. 중요한 결정 사항이 회의를 통해서 이루어지기 때문에 결코 간과하거나 피해서는 안 되는 것이 회의이다.

포항의 어느 교회 목사님은 젊은 시절 교회에 부임을 하자 첫 당회를 하기 전 서기(書記) 장로님이 "오늘부터 우리 장로들은 목사님에게 맞추어서 모두 다 나이를 자발적으로 30세 씩 깎았습니다."라고 했단다. 처음 시작하는 젊은 담임목사를 나이로 기죽이지 않고 믿음으로 섬기겠다는 장로님들의 향기로운 섬김의 자세일 것이다. 그 말을 들은 담임목사는 "그렇다면 오늘부터 모든 장로님들은 다 제 동생들입니다."라고 해서 한바탕 웃음으로 첫 당회를 시작했다는 이야기.

우리교회는 코로나 시국에 예배당을 건축했다. 건축하는 우리들은 큰 어려움 없이 은혜를 입술에 물고 다니면서 예배당을 건축했는데 지켜보는 많은 분들은 코로나 시국에 예배당을 지었다고 격려해주셨다. 교회 건축을 결정하고 건축위원회와 건축소(小) 위원회를 조직했다. 현재 지어진 성전의 처음과 끝은, 지하에서부터 지상까지, 심지어 밟고 다니는 돌 하나에 눈에 보이는 나무 한 그루까지 모두 다 수 많은 회의에서 결정된 결과물이다. 그중에서도 가장 큰 결정은 그 당시 사용 중인 예배당을 헐고 그 자리에 새 예배당을 건축할 것인가 아니면 그대로 두고 건축할 것인가 였다. 이것은 교회의 모든 청사진을 결정하는 대단히 중요한 사항이었다. 처음에는 사용 중인 예배당을 헐고 그 자리에 새 예배당을 건축하는 것으로 결정하고 조감도까지 받았다. 그러나 설계 공모를 하기 전에 사용 중인 성전을 그대로 두고 주차장 부지에 새 예배당을 건축하는 것으로 결정되었다. 그래서 지금의 자리에 예배당이 건축된 것이다.

시간이 지난 지금에도 감사하고 기쁜 것은 그 중요한 결정을 할 때 어느 누구도 당시 사용하던 예배당을 그대로 두자는 "두자파"와 헐자는 "헐자파"가 없었다는 것이다. 만약 어느 한 쪽에서 "내 눈에 흙이 들어가기 전에는"라는 정도는 아니어도 자신의 의견과 자존심을 하나로 묶어서 주장을 했다면 아마 지금도 여전히 회의 중이지 않을까 하는 아찔한 생각이 든다. 그러나 우리 장로님들을 비롯한 모든 위원들은 자기 의견에 자존심과 직분을 걸지 않았다. 그리고 그때 그 순간에 임하시는 하나님의 은혜를 따라 결정하고 순복했다는 것이 얼마나 감사한 일인가. 건축하면서 담임목사로서 건축위원들과 성도들에게 수 없이 강조한 것 중의 하나가 미국 워

싱턴 D.C.에 있는 샬렘영성훈련원(Shalem Institute for Spiritual Formation) 설립자인 틸든 에드워즈(Tilden H. Edwards)가 소개하는 '회의의 영성'이었다. 그 공동체에서는 성령께서 주도하시는 회의가 이루어지도록 다음과 같은 방식으로 회의를 진행한다는 것이다.

먼저 회의 전에 침묵하는 시간을 가지는데 이것은 하나님의 뜻을 구하는 시간이다. 두 번째는 회의가 진행되는 중에 15분이나 20분마다 하나님의 임재를 다시금 확인하는 방법으로 작은 십자가나 돌을 돌린다. 세 번째는 회의 중에 한 사람이 하나님 임재의 상징인 지팡이를 들고 서 있게 한다. 네 번째는 회의 내용을 정리할 때는 각자가 하나님의 임재를 어떻게 느꼈는지, 하나님의 음성을 들었는지에 대한 간증을 듣는다. 이것은 회의가 아니다. 이것은 예배다. 예배와 회의를 구분하지 않았던 믿음의 선배들이 남겨준 보석 같은 유물이다.

물고기는 물과 싸우지 않고 새는 나무와 다투지 않는다고 합니다. 하나님!! 우리의 생각이, 입술이, 눈길이, 행동이, 사랑이게 하소서. 누가, 왜, 그렇게 사느냐고 물으면 사랑이 다녀갔었노라고 말하게 하소서.

"서로 사랑하라. 내가 너희를 사랑한 것 같이 너희도 서로 사랑하라."(요 13:34)

지금은 죽음을 기억할 때

　몇 년 전 6월, 간호사로 근무하는 교회 집사님으로부터 췌장암 말기 환자에게 복음제시를 해달라는 부탁을 받았다. 환자는 평소 기독교를 거부했는데 오늘은 목사님 만나는 것을 허락했다면서 급히 와달라는 것이었다. 수요일 예배를 마치고 저녁 10시 30분 요양병원에 도착했다. 마흔아홉 살의 가냘픈 여인은 그해 2월 병원에서 암 판정을 받고 피골이 상접한 상태로 마지막 남은 날을 계수하고 있었다. 아무 부족함 없이 살던 여인, 운동으로 평생 50킬로그램을 넘어본 적이 없었다는 여인, 속이 좋지 않을 때마다 운동으로 해결했던 그 여인은 건강할 때 한 번도 생각해 본 적이 없는 죽음 이후의 시간에 대해서 궁금해진 것이다. 복음제시를 하는 30분 동안 펑펑 울면서 주님을 영접했다. 그동안 기독교에 대해서 불편해하던 그 분은 그렇게 주님을 간절히 영접했다. 그리고 간호하던 딸에게 꼭 예수를 잘 믿으라고 부탁을 하고 며칠 후 하늘나라로 이사 갔다.

　하나님은 우리에게 봄·여름·가을·겨울 4계절을 주셨다. 4계절이 뚜렷한 우리나라는 반드시 겨울이 오는 것처럼 우리에게 있어서 인생의 겨울은 반드시 온다. 겨울은 나이 들고 병들어 오는 겨울도 있지만 어느 날 갑자기, 어느 것 하나 준비하지 않았는데 날벼락같이 올 때도 많다. 반드시 찾아오는 인생의 겨울을 기억하면서 우리가 준비해야 할 것 중에 가장 우선되는 것은 바로 죽음을 기억하고 준비하는 것이다. '언젠가는 죽겠지 뭐' 하며 먼 동네 이야기처럼 생각하며 살아가는 우리들에게 지그문드 프로이드(Sigmund Freud)는 뼈있는 말을 했다. "아무도 자신의 죽음을 진짜로 믿지 않는다." 죽음의 현실을 신문이나 텔리비전 심지어 가까운 가족의 죽음을 보면서도 오늘 내가 죽음의 주인공이 될 수 있다는 것을 잊고 산다는 것이다.

영국 런던의 강 위에 떠 있는 교회로 알려진 세인트 피터 바지교회를 담임하는 마르쿠스 노더(Marcus Nodder) 목사는 "죽은 후엔 어떻게 되나"라는 책에서 아버지의 죽음을 이렇게 회상하고 있다. "12년 전 토요일 아침, 어머니께서 나에게 전화하셔서 아버지가 쓰러졌다고 알려 주셨다. 62세의 나이지만 아주 건강하셨던 아버지는 그 전화 후 10분 뒤에 돌아가셨다. 1분 전에 저 책상에 앉아 있었던 아버지가 1분 후 바닥에 쓰러져서 미확인 심장질환으로 사망한 것이다. 누구도 알지 못했다. 가족도, 심지어 그렇게 돌아가신 아버지 조차도." 노더 목사는 아버지의 죽음을 보면서 "죽음은 스위치를 딸깍해서 불을 끄는 것 만큼 순식간에 일어난다."고 했다. 그렇다. 죽음은 우리가 방을 나올 때 스위치를 끄는 것 같이 단순하고 순식간에 일어나는 것이다.

평생을 목사요 신학자로 사셨던 김치영 목사의 둘째 아들인 김동건 영남신학대 교수가 쓴 "빛, 색깔, 공기"라는 책이 있다. 이 책은 2000년 5월 29일, 아버지가 암 판정을 받은 날부터 2000년 10월 9일 하나님의 품에 안길 때까지 넉 달 십일 동안 아버지와 주고받은 이야기를 일기 형식으로 정리한 책이다.

김치영 목사는 간암 판정을 받고 약 4개월 정도 사셨다. 자신의 삶이 얼마 남지 않은 것을 자각한 목사님은 가족들에게 다음과 같이 유언했다. *관 위에는 십자가지도(十字家之道)라고만 써라. *관 속에 아무것도 넣지 말고 흙만 채워라. *묘비는 그냥 김치영이라고 쓰라. *상복을 입지 말고 평상복을 입어라. 유족을 표시하기 위함이라면 넥타이 정도로 하되 검정색으로 하지 마라. *울거나 곡하지 말고 부조는 받지 마라. *장례예배 순서는 담임목사에게 모두 맡겨라. *장례식 설교는 내가 써 줄 테니 힘 있게 읽기만 하라. 그리고 마지막 성찬식을 나누고 가족들에게 성경구절을 하나씩 선물하고 조용히 별세하셨다는 것이다. 나는 이 책을 읽으면서 나도 저렇게 죽고 싶다는 생각을 많이 했다.

어느 목사님이 젊을 때는 설교 잘하는 목사가 부러웠고 나이가 좀 들었을 때는 설교대로 사는 목사가 부러웠는데 지금은 설교한 대로 죽는 목사가 부럽다는 말이 생각났다.

옛날 로마에서는 전쟁에서 승리를 거두고 당당하게 개선하는 장군이 시가행진을 할 때 노예들을 시켜 행렬 뒤에서 큰소리로 외치게 했다는 "메멘토 모리(Memento mori)."

오늘 전쟁에서 승리했다고 너무 우쭐대지 마라. 오늘은 개선장군이지만 내일은 패장이 되어 죽을 수 있으니 언제나 죽음을 기억하고 겸손하게 행동하라는 의미 아니겠는가.

"너는 겨울 전에 어서 오라" (딤후 4:21)

기다림은 중심이동

　우리는 지금 예수님의 탄생과 다시 오실 재림을 기다리는 대림절(待臨節)을 보내고 있다. 대림절은 한마디로 기다림이다.

　사람이 사람으로 살면서 가장 어려운 것이 무엇이었냐고 묻는다면 아마도 기다림, 참고 견디는 것이라고 하지 않을까. 기다림은 사람이 할 일이 아니다. 기다림은 신의 것이지 죄인 된 우리의 것이 아니라는 것이다. 그럼에도 불구하고 기다림은 우리의 평생에 걸쳐서 이루어지고 그 기다림을 기다린 사람과 기다리지 못한 사람의 결과는 하늘과 땅 차이라고 할 수 있겠다.

　내 삶에 있어서 가장 기다리고 기다렸던 날을 꼽으라면 군대 제대하는 날이리라. 처음 입대해서 고참들이 이제 갓 들어온 신병들에게 매일 아침마다 제대 몇 일 남았느냐고 물으면 큰소리로 남은 날을 말하는 정신 나간 것 처럼 보이는 일들은 그가 그 날을 얼마나 사모하며 기다리고 있는가를 보여 주는 것이리라.

　지금 생각해도 마음이 아픈 일은 내가 군대 생활하던 바로 옆 중대에 나보다 몇 달 후임이 있었는데 어느 날 갑자기 의병제대(依病除隊)를 했다는 것이다. 알고 보니 자기 발등에 총을 발사해서 발목을 자르고 전역을 했다는 것이다. 얼마나 힘들고 어려웠으면 그랬을까 마음이 아프다. 하지만 지금 살아있다면 우리 나이 또래가 되었을 그 후배는 지금 어디서 그 일을 어떻게 생각하고 있을까. 그 일로 인해 예수 만나 멋진 인생을 살고 있을지도 몰라서 결과를 말하기는 참 어려운 일이지만 참고 견디는 것이 이토록 어려운 것이다.

전남 해남 출신의 황지우 시인의 시중에 '너를 기다리는 동안에' 라는 시가 있다.

"…네가 오기로 한 그 자리 / 내가 미리 와 있는 이곳에서 / 문을 열고 들어오는 / 모든 사람이 / 너였다가 / 너였다가 / 너일 것이다가 / 다시 문이 닫힌다."

그러면 '기다림' 이 무엇이길래 사람을 이렇게 만들까? 기다림이란 중심이동이다. 내가 그 사람을 기다린다는 것은 철저하게 그 사람의 시간에 나를 맞추는 것이다. 내가 약속 장소에 먼저 도착 했어도 그것은 아무 의미가 없다. 그 사람이 도착해야 내 시간은 정상적으로 움직인다. 그 사람이 오기 전까지는 내 시간은 멈춘 것이나 다름이 없다. 나의 시간은 철저히 그 사람에게 의존되어 있다. 모든 것은 그에게 달려 있다. 그것이 기다림의 시간이다. 기다리는 시간 동안 내 시간을 내가 주인 노릇을 하고자 하면 신경질이 난다. 기다리는 시간 동안 만큼은 내가 죽어야 한다. 그래야 화가 나지 않는다. 그리고 그 사람이 도착했을 때에 인생은 의미가 있어지고 살아나게 된다. 그래서 그 사람이 오면 밥을 먹고, 잠을 잔다.

기다림은 두 가지 싸움이다. 하나는 시간이고 하나는 장소이다. 그러나 시간보다 더 중요한 것은 사실 장소이다. 얼마나 기다렸는가보다 어디서 기다렸는가는 훨씬 더 중요하다. 서울 아현감리교회 장지원 목사님의 부모님 이야기이다. 1968년 경북 청도 역 앞 어느 다방에서 두 남녀가 맞선을 보는 역사적인 일이 일어났다. 두 남녀는 후에 장 목사님의 아버지와 어머니가 되셨다. 아버지는 처음 보는 여인에게 잘 보이려고 30분 일찍 다방에 도착했는데 약속 시간을 지나 1시간 반을 기다려도 오지 않자 다방 문을 열고 밖에 나오니 문 옆에 아름다운 여성이 밖에서 기다리고 있었단다. 그때까지 다방에 한 번도 가본 적이 없었던 방년 20세의 어머니는 다방에 들어가기가 쑥스러워서 남자가 오면 같이 들어가려고 밖에서 기다렸다는 것이다. 그것도 1시간 반을. 그러니까 남자는 다방 안에서 2시간을 여자는 다방 밖에서 1시간 반을 기다리신 것이다. 정말 다행히도 두 분이 밖에서 만나서 가정을 이루셨기에 자신이 태어날 수 있었다고. 두 분이 그렇게 오랜 시간을 기다릴 수 있었던 것은 중매쟁이 때문이었단다. 중매쟁이의 틀림없음이 두 사람을 기다리게 했다고.

아!! 시간보다 더 중요한 것이 자리구나. 내가 지금 어느 자리에 있느냐는 것은 곧 응답의 시작을 의미한다. 죽기 전에 그리스도를 보게 될 것이라는 약속을 받은 시므온은 성령의 감동으로 성전에 들어갔다가 아기 예수를 품에 안는 응답을 받았다. 팔십사 세의 과부 선지자 안나는 성전을 떠나지 않고 금식하고 기도하며 섬기다가 아기 예수를 만났다. 기다림은 중심이동이며 자리이다.

"이 사람이 성전을 떠나지 아니하고 주야로 금식하며 기도함으로 섬기다가." (눅 2:37)

거짓말보다는 더듬는 입술

얼마 전 우리 교회 교역자들과 함께 연극 '라이어 제2탄'을 봤다. 연극 '라이어'의 원제는 'Run for Your Wife'로 영국의 인기 극작가 겸 연출가 레이 쿠니(Ray Cooney)의 대표작이다. 배꼽 잡게 하는 재치 넘치는 대사와, 숨 돌릴 틈도 없는 스피디한 전개 그리고 어디로 튈지 모르는 상황을 선보이며 웃음을 자아냈다. 아직까지 유럽을 비롯한 전 세계 60여개 나라에서 공연하고 있을 만큼 인기가 있는 작품이다. 간단한 줄거리는 이렇다. 택시 운전사 존 스미스는 20년이 지난 지금까지 두 여인, 메리와 바바라를 몰래 만나며 행복한 이중생활을 하고 있다. 메리와의 사이에서 딸 비키를, 바바라와의 사이에서 아들 케빈을 둔 40대 가장 존 스미스. 하지만 비키와 케빈이 인터넷 채팅을 통해 서로 알게 되면서 존 스미스에게 절체절명의 위기가 찾아온다. 20년 동안 비밀을 지켜온 존 스미스가 이 사태를 해결해 나가는 방법은 딱 하나. 거짓말과 거짓말이다. 연극은 그 거짓말과 거짓말이 서로 맞물리면서 만들어 내는 반전의 반전이 통쾌한 웃음을 가져다 주었다.

연극을 보면서 "한 가지의 거짓말을 참말처럼 하기 위해서는 항상 일곱 가지의 거짓말을 필요로 한다."는 루터의 말이 생각났다. 그렇다. 하나의 거짓말을 잠시라도 덮기 위해서는 함께 거짓말에 동참하는 사람이 필요하고 계속해서 또 다른 거짓말 동조자가 필요한 것이다.

그래서 세상은 거짓말이 거짓말인지도 모르고 거짓말 같은 인생을 살아가는 것이다. 독일 나치 시절 히틀러의 선전부 장관이었던 괴벨스가 말한 거짓말의 법칙이 있다. "거짓말의 규모가 클수록, 되풀이하는 수가 많을수록 많은 사람을 속이게 된다."고 믿은 괴벨스는 거짓말로 히틀러의 독재를 도왔다.

그러면 유창한 말 잘함 보다 더듬는 입술은 어떨까. 2006년 미국 크리스채너티투데이가 선정한 '가장 큰 영향을 끼친 25명의 설교자' 중 한 사람으로 뽑힌 찰스 스윈돌 목사님은 미국 달라스 신학교 총장을 지냈으며 우리나라에도 강해 설교자로 잘 알려진 분이다. 그런데 스윈돌 목사님은 고등학교 1학년 때까지 심각하게 말을 더듬었다는 것이다. 말 더듬이였던 그가 탁월한 설교자가 될수 있었던 것은 고등학교 때 연극과 연설을 가르쳤던 리처드 니미선생님 덕분이었다. 니미 선생님은 말을 더듬어 자신감을 상실한 스윈돌에게 "너는 말을 잘할 수 있는 자질이 있단다. 나는 네가 언젠가 우리 연극팀을 이끄는 스타가 될 줄 확신한단다."라고 격려했을 뿐 아니라 수업 외에 개인적 멘토링까지 해줬으며 연극의 중요한 배역을 맡기기까지 했다. 기대대로 스윈돌은 한두 번 더듬는 것 외에 훌륭하게 소화했다.

훗날 니미 선생님이 돌아가신 후 스윈돌 목사님은 이렇게 조사를 썼다. "조사를 써 내려가는 동안 눈물이 빗물처럼 쏟아졌다. 나를 받아주셨던 선생님, 나를 사랑했던 선생님, 그리고 나도 나를 믿지 못할 때 믿어주셨던 선생님, 그 무더운 여름날 인내심을 갖고 나를 가르쳐준 선생님, 젊은 날 나에게 한계를 모르는 삶을 가르쳐

준 선생님께 감사드린다."

미국 46대 조 바이든 대통령은 어린 시절, 말더듬이 심해서 친구들의 놀림도 많이 받았다. 바이든은 말더듬을 고치기 위해 입에 돌을 물고 다녔다. 수업시간에 선생님이 책 읽기를 시킬 것으로 보이면 사전에 읽어야 할 부분을 외워갔다. 그리고 책 읽기를 했다. 그는 이렇게 말더듬을 고쳤다.

우리나라에서 침례교를 제일 먼저 시작한 사람은 1889년 캐나다에서 한국에 온 말콤 펜윅이라는 선교사다.

그는 원래 신학을 한 사람이 아니라 농부였다. 그런데 그에게 하나님이 복음 전파에 대한 부담감을 계속 주셨다.

펜윅 선교사는 계속 거부했다. "하나님, 나는 신학교도 가지 않았습니다. 내가 무슨 자격으로 선교사가 될 수 있단 말입니까?" 그런 그에게 하나님이 다른 사람을 통해서 특별한 말씀을 주셨다.

"비록 녹슬고 찌그러진 통이라도 생명을 구하는 물을 나를 수 있단다."

말씀을 받고 펜윅은 선교사로 지원하여 한국에 올 수 있었다. 역시 하나님은 더듬고 녹슬고 찌그러진 깡통 같은 사람의 입을 통해서도 하나님의 일을 이루어 가심에 감사할 뿐이다.

"그러므로 더듬는 입술과 다른 방언으로 그가 이 백성에게 말씀하시리라." (사 28:11)

내가 만난 거짓말쟁이들

　나는 살면서 사람이나 단체에 사기를 당해본 적이 없다. 오히려 좋은 분들에게 많은 덕을 보고 살았다. 그런데 교회에 찾아온 사람들 속에서 거짓말쟁이나 사기꾼들은 만났다. 내가 만나본 거짓말쟁이 몇 사람을 소개해 보려고 한다.

　전도대와 새가족부를 담당하던 부목사 시절, 그날도 정해진 시간에 모여 찬송하고 전도대원을 파송하고 있었는데 처음 본 청년이 1층으로 들어왔다. 자신은 제주도 어느 호텔 주방장으로 근무하다가 여수 비치 호텔로 스카웃이 되어 왔는데 중국요리만 약 50여 가지를 할 수 있는 재능 있는 사람이라고 소개했다. 더 감동이 된 것은 비치 호텔에서 700만원이 월급인데 주일 성수하는 조건으로 월 500만원을 받기로 계약을 했다는 것이었다. 듣고 있던 우리들은 요즘 시대에 참 보기 드문 청년이 하나 왔다고 즐거워했다. 더군다나 섬기던 교회에 중학교 음악 교사가 있었는데 그 선생님의 이름을 들먹이면서 자신이 그 분의 제자라고 하면서 내일 정도 선생님도 찾아 뵈려고 한다고 당당하게 말했다.

　새가족 등록서를 받고 정신을 차리고 보니 좀 이상한 점이 한 두 가지가 아니었다. 가장 이상한 것은 지금 여수 비치 호텔이 부도가 나서 언제 다시 열지 모르는데 다음 달에 연다는 것이었다. 그래서 호텔로 연락을 해보니 비치 호텔은 중국음식 요리가 없다는 것이었다. 그 청년은 다음 날 바람처럼 사라졌다.

　곡성 옥과 담임목사로 있을 때 대학생들에게 월세를 놓고 사시는 집사님이 자기 집에 월세로 들어온 분이라고 하면서 서울 순복음 교회 권사라고 하는 분을 교회에 등록시켰다. 저녁에 심방을 갔는데 좀 이상한 소리를 했다. 자신은 서울 순복음 교회 시무 권사이며 현대그룹 정주영회장(그 당시는 살아 있었음)의 두 번째 부인이라고 했다. 그리고 지금 은행에 수십억 원이 예금되어 있는데 한 달 후면 그 돈을 찾는다는 좀 황당한 소리를 했다. 예배를 드리고 나오면서 집 주인인 집사님에게 "저 사람 아무래도 이상하니까 조심하세요. 돈 빌려달라고 하면 절대 빌려주지 마세요."라고 당부를 했다. 그러자 집주인 집사님은 "목사님! 저 분 괜찮은 사람 같은데…." 다음 날 서울 순복음 교회로 전화를 했다. 그런 이름의 권사가 없다고 했다. 권사만 수천 명이면 동명이인(同名異人)이라도 있을 텐데 그런 이름을 가진 권사는 은퇴 권사 중에도 없다는 것이다. 다시 그 집을 방문했다. 하나하나 꼬치꼬치 캐물었다. "당신 정말 순복음 교회 권사 맞느냐?" "목사님은 속고만 살았습니까?" "네, 나는 그런 사람들 많이 봤습니다. 순복음 교회에 알아봤는데 그런 사람이 없다고 합니다." 그 다음날 정주영의 두 번째 부인이면서 순복음교회 권사라는 여자는 역시 바람처럼 사라졌다.

　이리성산교회에 있을 때 겪은 일이다. 주일 오후 예배 후에 한 남자가 왔다. 자신은 광주00교회 목사님의 아들이라고 소개하면서 사법고시 1차 시험을 합격하고 지금 2차를 준비하고 있다고 했다. 먼저 시험에 합격한 친구가 전주에서 판사를 하고 있는데 그 친구의 도움을 받으려고 왔다는 것이었다. 그러면서 옆에 있는 교회가 통합측인줄 알고 갔더니 합동측이라고 해서 뒤도 안 돌아보고 왔다는 말도 했다.(이리성산교회 옆에 합동측 교회가 있다) 그러면서 시험 중에도 새벽예배는 절대 빠지지 않고 드린다고 자신의 영성을 소개 하면서 주일에 아이들을 가르치고 싶은데 무료로 가르칠 수 있는 5명 정도 선발해 달라고 부탁을 했다. 자신은 주일에는 공부하지 않기 때문에 주일은 아이들을 가르칠 수가 있다는 것이었다. 그의 입에서 나오는 소리로는 신실하고 믿음 좋은 목사님 아들로 보였지만 그 역시 다음날 안개처럼 사라졌다.

요한계시록을 보면 불과 유황으로 타는 못에 던져지는 둘째 사망을 받을 사람들에 대해서 나온다. 그 중에 "거짓말 하는 자"가 등장한다.(계 21:8) 또한 거룩한 성 예루살렘 성 밖에 있는 저주 받은 사람들의 중에 "거짓말을 좋아하며 지어내는 자"(계 22:15)가 등장한다. 왜 이렇게 주님은 거짓말 하는 자들을 싫어하고 저주까지 선포하실까. 사람을 간사한 혀로 속이는 거짓말은 모든 죄의 시작이기 때문이 아닐까. 예수님께서 제자 나다나엘을 부르실 때 "그 속에 간사한 것이 없도다."(요 1:47)라고 칭찬하신 것을 보면 예수님은 간사한 자는 물리치시고 진실한 자를 택하셨던 것이다. 그래서 오늘도 이렇게 읊조리며 찬양 한다.

"주여 진실하게 하소서. 오늘 하루 하루 순간을, 주가 주신 힘으로 승리하기 원하네. 주여 나를 진실하게 하소서."

사람, 사람을 세워야 합니다

　서울 동승교회 서정오 목사님의 이야기다. 서 목사님은 부산에서 부목사를 하다가 담임목사가 되었다. 담임목사로 7년을 하다 보니 밑천이 떨어진 것 같은 위기를 만났을 때 당회를 열어서 장로님들에게 2년 유학을 보내주든지 사임서를 받아주든지 결정을 해 달라고 했다. 그러자 8명의 장로님이 계셨는데 7명의 장로님은 지금도 저렇게 잘하시는데 목사님이 유학을 다녀오면 우리교회 담임목사가 되겠느냐며 반대를 했지만 나이가 많은 선임 장로님의 배려로 2년 유학을 다녀올 수 있었는데 "오늘의 나 서정오는 바로 그 장로님의 배려와 사랑의 열매였다"고 고백했다. 역시 한 사람의 사랑의 결정이 한 사람을 만드는 동기가 되는 것을 본다.

　나태주 시인의 '풀꽃'은 전 국민의 시가 되어 사랑을 받고 있다. "자세히 보아야 예쁘다. 오래 보아야 사랑스럽다. 너도 그렇다." 이 시는 시인이 초등학교 교사 시절 말썽꾸러기 아이들을 보면서 나오게 된 시라고 한다. 시를 뒤집어 해석하면 자세히 보지 않으면 예쁘지 않다는 것이고 오래 보지 않으면 사랑스럽지 않다는 것이며 너 또한 별 볼 일 없는 말썽꾸러기에 불과하다는 것이다. 그러나 자세히 보고, 오래 보는 한 스승을 통해서 별거 아닌 것 같은 잡동사니 잡초들이 세상의 꽃이 되어 살아가는 은혜를 누리게 된다.

우리가 사는 세상이 모두 이렇다.

　김요셉 목사님이 쓴 '삶으로 가르치는 것만 남는다' 라는 책에
이런 내용이 나온다. 초등학교 4학년이 되던 여름 가족은 어머니
의 고향 미시건으로 이사를 가서 기독교 학교에 입학했다. '학교
에 가면 아이들이 나를 좋아할까? 생김새가 비슷하니 날 놀리는
아이들은 없겠지? 공부는 따라갈 수 있을까? 엄마랑 영어로 말은
할 수 있지만, 영어 공부를 해본 적은 없는데, 영어 책도 읽을 줄
모르는데….' 두려움과 설레임으로 4학년 교실에 배정되어 교실에
들어가 보니 한국에서는 60명이 한 반이었는데 고작 30명이 앉아
있었다. 첫 시간은 스펠링 수업이었다. 선생님은 두툼한 단어 카드
를 손에 쥐고 앞줄부터 스프링, 뉴스페이퍼… 아이들은 척척 스펠
링을 알아 맞췄다. 가끔 틀리면 선생님은 카드를 보여주며 철자를
보여주었다.

　점점 내 차례가 되자 숨이 막혔다. 들을 줄만 알았지 스펠링을
알 수가 없었다. 드디어 내 차례가 되었다. "김요셉! 요셉이는 앞
으로 나와 봐!" 처음 나왔다고 봐 주기는 커녕 앞으로 불러낸 것이
다. 이제 웃음거리가 되거나 바보가 되거나 둘 중 하나였다. 선생
님은 단어 카드를 들고 앞으로 오셨다. 바지에 오줌을 싸지 직전이
었다. "너희들, 이야기했지? 한국에서 온다는 선교사님 자녀 말이
야. 이 아이가 바로 그 아이란다. 요셉이는 한국에서 태어나서 우
리가 전혀 알지 못하는 한국어를 아주 잘한단다. 요셉아, 선생님
이름을 한국어로 써 줄래?"
　영어가 아니라 한국어로 쓰라는 선생님의 숙제는 식은 죽 먹기
였다. 여기저기서 자신의 이름을 한국어로 써달라는 아이들이 많

았다. 그 순간 두려움이 자신감으로 바뀌었고 나는 1년 내내 유명 인사가 되었으며 한국말로 이름 쓰기가 유행이 되었다. 선생님은 영어도 못하는 아이가 될 뻔한 나를 한국어 잘하는 아이로 만들어 주셨다. 참된 스승은 이런 분이 아닐까! 그렇다. 이런 스승이 된다는 것은 쉽지 않다. 그리고 이런 스승을 만난다는 것도 쉽지 않다.

선조 25년(1592)부터 31년(1598)까지 7년 동안에 걸친 임진왜란의 원인, 전황(戰況) 등을 수기(手記)로 기록한 중요한 사료인 징비록(懲毖錄)의 저자 유성룡에게는 퇴계 이황이라는 스승이 있었다. 퇴계 이황이 유성룡을 가르치며 "이 청년은 하늘이 내린 사람이다."라고 칭찬을 했다. 이보다 더 큰 칭찬과 격려가 있을까. 유성룡이 뛰어났기에 이런 칭찬을 들었다고도 볼 수 있지만 부족한 제자의 재능을 알아본 스승의 헤아림이 더 큰 것은 아닐까 하는 생각이 든다. 헬렌 켈러에게는 설리반이라는 스승이, 파블로 피카소에게는 폴 세잔이라는 스승이, "천재가 어떤 사람인지 모르는 사람은 미켈란젤로를 보라"는 말을 들었던 천재적 예술가 미켈란젤로에게는 보톨로 지오바니가 있었다.

나무가 커야 그늘이 크고, 그늘이 커야 사람들이 쉬러 온다. 그 그늘은 그냥 생기는 것이 아니다. 남을 돌보고, 베풀고 도와주는 것이 그 비법이다. 하지만 더 필요한 것이 있다. 삶을 보는 안목의 크기와 그 모습 그대로 받아주는 사랑이다.

"유월절 전에 예수께서 자기가 세상을 떠나 아버지께로 돌아가실 때가 이른 줄 아시고 세상에 있는 자기 사람들을 사랑하시되 끝까지 사랑하시니라." (요 13:1)

믿음과 미신

　1900년대는 학교를 다니며 무엇을 배운다는 것이 생소하고 어렵던 때였다. 더군다나 여학생들이 공부를 한다는 것은 꿈에도 생각하기 힘들 때였지만 선교사님들의 도움으로 여학생들이 공부를 할 수 있었는데 1915년 각급 여학교에서는 정말 기괴한 일이 벌어졌다. 여학생들이 가진 지리책 가운데 지도가 그려진 책장이 모두 찢겨지는 일이 일어난 것이다. 한 학생의 것만 아니고 모든 여학생의 책이 찢어졌고 한 학교만 아니고 대부분의 학교에서 이 일이 벌어진 것이다. 선교사님들은 이 일을 이해할 수가 없었다. 그래서 지리책만 모아서 교무실에 두었다가 지리 시간에만 나누어서 공부를 시켰다.

　그런데 나중에 알고 보니 여학생들의 책을 찢은 사람은 바로 그 여학생의 어머니나 할머니들이었다. 여학생의 어머니나 할머니들이 책을 찢은 이유는 무당이나 점쟁이들이 집안에 병과 화를 몰아오는 귀신들이 그 지도책의 지도를 보고 집에 찾아와서 병을 준다고 하니 딸의 목숨을 살리기 위해서 지도책의 지도를 모조리 찢은 것이었다. 우리 조상은 이렇게 무당의 말을 들으며 미신과 함께 살아온 것이다.

　어릴 때 우리 동네도, 우리 집도 예외는 아니었다. 지금도 눈에

선한 그림이 있다. 하나님을 알지 못했던 어머니는 형님이 고등학교 시험을 치러가는 이른 새벽에 새벽 밥을 지어 먹이고는 정성스럽게 도시락을 싸주시면서 뭔가를 고이 접어서 형님의 교복 안주머니에 넣었다. 울긋불긋 부적이었다. "오늘 이것을 절대 꺼내지 말고 잘 간직하고 있어라."는 당부와 함께 말이다. 얼마짜리인지는 몰라도 어려운 살림에 자식 잘되기를 원하는 부모의 한가지 소원이 그 부적 속에 고스란히 담겨져 있었던 것이다. 이렇게라도 하는 것이 부모가 할 수 있는 사랑이라고 믿었기에 우리 옆집 형도, 아랫집 형도 한 두개 씩은 가졌던 빨강 부적.

　중학교 때 충남 부여로 수학여행을 갔다. 하루 밤을 자고 아침에 일어나보니 장사하는 분들이 우리 숙소 여기저기 진을 치고 있었다. 한 친구가 장사하는 분에게 "이거 얼마예요?"하고 물었다가 된통 당한 일이 있었다. 그냥 한번 물어본 것인데 아주머니는 오늘 물건 풀고 학생이 첫 손님인데 첫 손님이 물어만 보고 사지 않으면 오늘 하루 종일 손님들은 사지는 않고 얼마예요 얼마예요 물어만 볼 것이니 원가에 줄테니 꼭 사가야 한다는 것이었다. 친구는 어쩔 수 없이 반 강제로 물건을 살 수밖에 없었다. 첫 손님이 물어만 보고 사지 않으면 오늘 하루 손님들이 사지는 않고 물어만 볼 것이라는 법칙은 누가 언제 어디서 만들어진 것일까?
　여수에서 부목사 사역을 할 때 오전 심방을 마치고 심방대원들과 함께 점심을 먹기 위해서 식당에 들어가서 오무라이스를 주문했다. 그런데 종업원이 난색을 표하면서 우리들이 오늘 첫 손님이기 때문에 쌀 종류의 오무라이스는 주문을 받을 수 없다는 것이었다. 이유는 첫 손님이 쌀 종류의 오무라이스를 주문하면 오는 손님마다 쌀 음식만 주문해서 오늘 장사에서 큰 이득을 남기기 어렵다는 황당무계한 말을 하는 것이 아닌가. 그러더니 종업원은 우리에게 한 가지 제안을 했다. 우리 일행이 세 사람이니까 한 분은 돈가스를 주문하고 두 분은 오무라이스를 주문하면 돈 가스를 먼저 만들고 나중에 오무라이스를 만들기 때문에 상관없다는 것이었다. 첫 손님이 쌀 종류의 음식을 주문하면 오늘 하루 장사가 별 재미를 보지 못한다는 생각이나 말은 누가, 무엇을 근거로 만들어진 걸까?

병든 딸을 어떻게든 고치고 싶은 아버지가 있었다. 답답한 마음에 찾아간 무당은 자살한 사람의 끈을 푹 삶아 그 물을 마시면 고칠 수 있다는 하늘의 비방을 말해주었다. 그날부터 아버지는 자살한 사람을 찾아다니는 이상한 사람이 되었다. 드디어 자살자를 찾았고 끈을 푹 삶아 딸에게 먹였지만 아무 효험도 없었다. 오히려 6개월 동안 자살한 사람의 모습이 눈에 아른거려 심한 고통을 당했다는 웃지 못할 이야기다.

기원전 4세기 '전쟁의 신'으로 불리는 알렉산더 대왕은 페르시아 정복에 앞서 "세계를 정복하기에는 손금이 짧다"는 점성가의 조언에 따라 칼로 손바닥을 그어 손금을 늘렸다고 한다. 전두환 전(前) 대통령 어린 시절에 집 앞을 지나던 스님이 "앞으로 뻗은 어머니의 앞니 세 개가 아들의 운세를 가로막을 것"이란 말에 그의 모친이 멀쩡한 앞니 세 개를 뽑았다는 이야기도 있다.

대통령 선거가 코앞이다. 우리의 삶과 역술이 매우 익숙한 것처럼 여의도 정치판에서 역술과 무속은 익숙한 코드다. 어찌 됐든 잘되고 싶고 당선되고 싶은 인간의 욕심이 미신과 역술을 불러온다. 회개한다. 회개하자. 하나님을 몰라서 아니 하나님을 안다고 하면서도 역술과 미신에 기웃거렸던 우리들과 우리 조상들의 죄, 그리고 현재 우리 대한민국의 죄를. 내일 일은 내일의 주인이신 하나님께 맡기자. 그리고 사람의 말이 아닌 진리이신 하나님의 말씀을 이정표로 삼고 따라가야 사는 것임을 인간들도, 정치판도 깨우치길 기도하자.

"주의 말씀은 내 발에 등이요 내 길에 빛이니이다."(시 119:105)

내가 만난 귀신 들린 사람들

　내가 처음으로 귀신에 대해서 접하게 된 것은 교육전도사 시절이다. 그 당시 여름수련회는 기도원으로 학생들을 데리고 가서 2박 3일이나 3박 4일 동안 은혜받고 방언 받고 입신하는 것이 일반화되었던 때이다.

　그리고 학생들이 기도원에 간다면 몇몇 집사님들이 학생들 밥도 해주고 은혜도 받는다며 따라나서곤 했다. 그때도 중고등학생들을 데리고 어느 기도원에 갔다. 시간마다 울부짖으며 죄를 회개하며 은혜 달라고, 방언 달라고, 더 나가서 입신하게 해달라고 기도했다. 하루가 지나 이틀째 오전 집회를 마치고 의자가 없는 바닥에서 쉬고 있는데 함께 온 집사님이 이상한 소리를 해댔다. 옆에 있던 목사님들이 귀신이 들렸다고 말했다.
　그리고 기도원 건물 어디에 가면 목사님들 숙소가 있으니 가서 부탁해서 귀신을 쫓아내야 한다고 했다. 처음 당해본 나는 앞 뒤 가릴 것 없이 목사님들의 숙소에 뛰어 들어가서 사정을 말하자 한 분을 추천했다. 추천받은 그 목사님은 나를 따라 본당에서 이상한 소리를 해대는 집사님을 보더니 안수기도를 했다. 그래도 쉽게 나가지 않자 사도바울이 찬송할 때 귀신이 나갔다면서 함께 찬양을 부르자고 했다. 그때처럼 귀신 쫓는 찬송을 목소리 높여 간절히 불러본 적이 있었을까. 조금 좋아지는 것 같았다. 다음 날 우리는 짐을 챙겨서 교회에 돌아왔고 담임목사님께서 매일 그 집사님 집에서 예배를 드린 후 회복되었다. 회복된 후에 집사님에게 물었다. 그때 왜 그랬느냐고. 그러자 이렇게 말했다. "전도사님! 귀신이 들어오자 눈이 확 열리면서 사람을 넘어 저 너머에 있는 것까지 보입디다…." 이것이 내가 처음 겪은 귀신에 대한 기억이다.

부목사 시절, 내가 담당하던 교구에 새가족이 등록했다. 그런데 이분의 어머니가 무당이었으며 이분도 신내림을 받아야 한다는 어머니의 명령을 거절하고 있었지만 어느 정도 신기가 있는 분이었다. 새가족 예배를 드리고 믿음으로 오직 예수만 섬기며 살겠노라고 다짐을 하며 새벽예배부터 모든 예배에 참석했다. 그런데 문제는 새벽예배 때마다 터졌다. 새벽 예배를 시작하면 이 분은 화장실로 달려갔다. 그리고는 헛구역질을 해댔다. 그 소리는 예배를 드리는 모든 분들이 들을 수 있도록 억세고 거칠었다. 여자 화장실이고 여자분이라서 나는 따라 들어가지 못하고 밖에 있었고 교구 심방 권사님이 따라 들어가서 등을 두드려주고 위로해주었다. 그분이 새벽에 나오면 거의 그런 일이 반복되었다. 그러다가 점점 횟수가 줄어들더니 어느 때부터는 자리에 앉아서 온전히 예배를 드렸다. 그 후 나는 임지를 옮겼고 시간이 흐른 후 그분에 대해서 물었더니 온전히 회복되어 아주, 잘 신앙생활을 하고 있다는 것이다. 참 다행스럽고 감사했다.

어느 교회 있을 때였다. 새벽예배를 마치고 강대상 뒤에서 기도를 하고 있는데 이상한 소리가 자꾸 들렸다. 한번은 일어나서 뒤를 돌아보니 맨 앞 줄에서 예배를 드리는 집사님이 두 손을 들고 몸을 뒤틀면서 끙끙 거리며 힘든 소리를 내고 있었다. 그분의 사정은 이랬다. 그분은 무당이었다. 집에 신당을 차려놓고 무당으로 살았다. 그런데 딸이 예수를 믿고 딸의 기도와 강력한 권유로 모든 무당의 기구를 불태우고 예수를 믿었다. 그런데 꼭 새벽예배 드리고 기도를 하려고 하면 귀신이 역사를 해서 그 귀신과 싸우는 중이라는 것이었다. 평상시 다른 예배 시간에는 전혀 움직임이 없는데 꼭 새벽예배 시간에만 그랬다. 귀신과 날마다 새벽마다 영적 전쟁을 벌이는 그 집사님이 정말 대견했다. 그리고 얼마 후 모든 귀신은 물러갔고 평안한 가운데 은혜로 살다가 하나님의 품에 안겼다.

우리가 성경을 읽으면서도 가볍게 읽고 지나가는 말씀 중의 하나는 이 구절이 아닐까 한다. "근신하라 깨어라 너희 대적 마귀가 우는 사자 같이 두루 다니며 삼킬 자를 찾나니 너희는 믿음을 굳건하게 하여 그를 대적하라."(벧전 5:8~9)

교회 역사상 이 구절을 가장 염두에 두고 살았던 사람은 4세기 수도사들인데 4세기 수도사 안토니는 "마귀들을 완패시키고 꼼짝 못하게 하신 주님이 우리와 함께 계시면 마귀들은 아무 일도 할 수 없다는 사실을 믿음으로 깊이 받아들이자"고 권면했다.

오늘도 우리는 배고픈 사자같이 달려드는 마귀의 공격을 받으며 살고 있다. 동시에 하나님의 절대적인 보호 아래 있다. 그 분은 언제나 우리와 임마누엘 하시며 기도할 때마다 우리에게 가까이 하시는 분이다. 그 은혜로, 그 사랑으로 오늘도 여호와 닛시.

"근신하라 깨어라 너희 대적 마귀가 우는 사자 같이 두루 다니며 삼킬 자를 찾나니 너희는 믿음을 굳건하게 하여 그를 대적하라." (벧전 5:8~9)

'그들의 소리'를 이길 수 있는가?

최초의 인도 선교사인 윌리암 캐리(William Carey)는 32세에 인도 선교사로 파송을 받아서 73세에 하나님의 부름을 받고 인도 세람포에 묻혔다. 그 당시 인도의 갠지스 강가에서는 "Gunga mai kai jai (갠지스강의 여신이여 영광을 받으소서)" 외치며 어린 아이들을 악어가 득실거리는 강에 던지는, 그런 미신이 가득한 나라였다. 그런 인도에서 40여년을 선교한 윌리엄 캐리에게 따라오는 수식어는 거의 최초, 최고의 수준이다. 인도 최초의 선교사, 아시아에서 최초의 기독교 대학인 '세람포르 대학'을 창설한 사람, 26개의 언어와 방언으로 성경을 번역한 사람, 남편이 죽으면 부인을 화형시키는 인도의 관습인 '수티제도'를 폐지 시킨 사람….

그러나 캐리의 인도 선교의 시작은 결코 순탄하지 않았다. 윌리암 캐리가 인도 선교의 꿈을 품고 준비하고 있을 때 영국침례교 목사로서 극단적 칼빈주의자였던 존C. 라이랜드는 "자네는 광신자야! 하나님이 이교도를 회심시키기 원한다면 자네나 나와 의논하지 않고 그분께서 직접 하실 걸세"라며 반대했다.

그는 구원받을 자는 이미 정해져 있기에 인간이 하는 복음전도와 선교를 극단적으로 반대했던 것이다. 그러면 그의 가족들은 어떤 반응을 보였을까. 아버지는 캐리의 선교에 대한 말을 듣고 딱 한마디 했다. "미친놈." 또한 문맹의 평범한 주부였으며 선교적 사명을 가지지 못한 아내 도로시는 자녀들과 평범한 삶을 원했다. "여보, 인도는 절대로 안돼요. 제발 우리 아기들도 좀 생각해 주세요." 또한 캐리가 담임하던 하비레인 교회의 성도들은 캐리와 같은 훌륭한 목회자를 잃는다는 생각으로 교회의 장래를 위해 절대로 목사님을 보내지 않겠다고 나섰다.

사명에 사로잡힌 캐리는 선교사역을 포기시키려는 '그들의 소리'를 이겼다.

1443년, 세종 재위 25년 12월, 세종은 느닷없이 한글을 공개했다. 이것은 조선에 문자는 한자(漢字)뿐이어야 한다고 생각했던 사대부 사회의 충격이었다. 그러자 최만리를 비롯한 집현전 학자 7인이 상소문을 올려 한글 창제를 극구 반대하였다. 최만리는 1444년 2월 20일에 다음과 같은 요지의 상소문을 올렸다. "왕이시어 감히 말씀드리고자 합니다. 우선 우리는 예로부터 대국인 중국의 제도를 본받아 실행해 왔습니다. 그런데 그와 아무 관련이 없는 새로운 글자 한글을 만드는 것은 학문에도 정치에도 아무 유익함이 없는 줄로 압니다. 혹시라도 중국 측에서 시비를 걸어올까 두렵습니다. 그리고 지금 할 일이 태산같이 많은데 한글을 만들고 익히는 일은 큰 국가적 손실입니다. 감히 고하오니 부디 헤아려 주시옵소서."

당시에 집현전 고위 학자였던 최만리는 이런 반대 상소문을 올릴 수밖에 없는 개인적인 인식과 시대적 상황이 분명히 있었을 것이다. 그러나 그때로부터 600여 년이 흐른 지금 그의 상소문을 보면 그의 판단이 얼마나 잘못되었는지를 여실히 보여주고 있다. 세종대왕 역시 부르짖는 '그들의 소리'를 이기고 한글을 시작한 것이다.

예수님의 십자가 사건에서 아주 중요한 인물 중의 하나는 바로 본디오 빌라도이다. 그 당시 이스라엘을 지배하고 있던 로마 황제 티베리우스는 유대 지역을 다스릴 총독으로 본디오 빌라도를 임명했다. 빌라도는 예수에게 죄가 없음을 분명히 알고 있었지만 결국 물로 손을 씻으면서 바라바는 놓아주고 예수는 십자가에 못박히게 넘겨준 인물이다.

그러면 왜 빌라도는 예수가 죄가 없다는 것을 알면서도 십자가에 못박히도록 넘겨주었을까? 4복음서는 그 이유를 기록하고 있다. 마태는 "민란이 나려는 것을 보고."(마 27:24), 마가는 "빌라도가 무리에게 만족을 주고자 하여."(막 15:15), 누가는 "십자가에 못 박으라는 그들의 소리가 이긴지라."(눅 23:23)

그리고 요한은 "이 사람을 놓으면 가이사의 충신이 아니니이다."(요19:10)하는 기록으로 빌라도의 어리석은 판단을 기록하고 있다. 4복음서 기록 중에 누가의 기록에 마음이 쓰인다. "그들의 소리가 이긴지라." 지도자는 합리적인 그들의 소리를 이겨내야 한다. 믿음의 사람은 지극히 이성적이고 정치적인 그들의 소리를 뒤로 던지고 주의 길을 가야 한다. 윌리암 캐리처럼, 세종대왕처럼 말이다. 그러면 나는, 나는 오늘 그들의 소리를 이기고 그 길을 가고 있는가?

"그들이 큰 소리로 재촉하여 십자가에 못 박기를 구하니 그들의 소리가 이긴지라." (눅 23:23)

기다림의 비법

　살면서 어려운 일을 순위로 매겨보면 어떻게 될까? 5위는 엄마 설득하기, 4위는 퇴직한 남편 존경하기, 3위는 남의 돈 내 주머니에 넣기, 2위는 내 생각 남의 머리에 넣기 그리고 1위는 기다리고 인내하는 것이란다. 이 순위는 아픈 아내를 간호하는 어느 목사님이 아내의 치료가 더딤을 보고 쓴 글이다. 악하고 게으른 성품을 가진 인간에게 기다림과 인내는 우리의 것이 아님이 자명하다. 그래서 그 순간을 어떻게 인내할 것인가에 대해서 많은 분들의 비법들이 많다.

　거의 전쟁 같은 당회를 했던 어느 목사님의 비결이다. 전쟁 같은 당회를 하다 보니 열 받는 일이 한 두 가지가 아니었단다. 그래서 흥분하면 과격해지고, 과격해지면 말이 막 나왔다. 아무리 옳은 주장을 해도 그 말을 바르고 예의 있게 하지 못하면 그것이 치명적인 약점이 되어 옳은 주장을 가지고도 뜻을 이룰 수 없었다. 그래서 억울하고 분할 때 그래서 흥분할 때 말하지 않고 메모지를 찾았다. 그리고 할 말을 적었다. 적다 보면 어느 정도 감정을 자제할 수 있었다. 말하는 것보다 쓰는게 훨씬 더 이성적인 작업에 유리했고 글을 쓸 때 번호를 매기는 습관은 그때부터 시작되었다는 것이다. 놀라운 비법이다. 신학교에서 학생들을 가르치는 어느 교수님은 학생들에게 참기 힘들 정도로 화가 날 때 입을 다물고 혀로 침을 모으면서 입안에 침이 가득 고일 때까지 분을 참고 기다리라고 가르쳤다. 역시 놀라운 비법이다.

남성덕 목사님이 쓴 '핑계, 죄의 유혹'이라는 책에 목사님의 군대 생활 이야기가 나온다. 군대에 있을 때 자대 배치를 받고 악명 높은 부대의 신병대에 들어갔을 때이다. 때는 3월이라 봄이 온 것 같은데 여전히 군대는 춥고 배고팠다. 이제 막 이등병을 달고 자대에 들어가는 중이라 마음은 사시나무 떨듯이 두려움으로 떨렸다. 신병 교육 때나 후반기 교육은 동기가 있기 때문에 서로 위로가 되었으나 자대로 배치를 받으면 무시무시한 고참들이 가득하기에 긴장이 배가 되었다.

본격적으로 자대에 들어가기 전에 신병대에서 이틀을 머물렀다. 자대에 들어가기 전 마지막 적응 기간이었다. 대기하는 동안 나와 같은 이등병들이 속속들이 신병대로 들어오고 있었다. 조교들 중에 유난히 과묵한 상병 하나가 쉬는 시간 침상 모서리에 앉아 있는 우리들 앞에 섰다. 그리고 그는 마치 엄청난 진리라도 가르쳐주는 양 이렇게 말했다. "군 생활이 말이지 사실 어려운 게 아니야. 그저 5분만 참으면 된다." 나는 생뚱맞은 말을 꺼내는 조교를 쳐다보았다. 그는 계속해서 말을 이어갔다. "하루에 5분만 참는 것을 목표로 잡아라. 그러면 아무리 어려운 일이라도 버틸 수 있다. 나도 별짓을 다 당해봤다. 전투화에 묻은 똥물을 핥기도 했고 엄청난 구타를 당하기도 했다. 그런데 5분만 참으니까 다 지나갔다. 군 생활이 별거 아니다. 하루가 24시간인데 5분만 참으면 나머지 23시간 55분은 행복하다. 알겠냐." 그게 그가 군생활에서 터득한 진리였다.

5분만 참으면 된다고? 2년 2개월이란 긴 군대 생활 동안에 5분만 참는다고 어떻게 그것을 극복할 수 있겠는가. 그런데 그 조교의 말을 가슴에 담고 군 생활의 지표로 삼았다. 그까짓 5분만 참지 뭐. 나는 그가 말한 것처럼 어려운 일이 있을 때마다 5분만 참았다. 군 생활 내내 고통스럽고 불편하고 힘든 일이 많았지만 정말로 힘들 때 5분만 참기를 실천했다. 극단적으로 힘들 때 5분간 이를 악물고 참았다. 그랬더니 거짓말처럼 참을 수 있게 되었다. 하루 중 5분을 제외한 나머지 23시간 55분이 행복한 것은 아니었지만 그럭저럭 버틸 만했다. 그리고 무사히 제대했다는 이야기다. 하루 5분 참기, 크고 놀라운 비법이다.

서울 영세교회 원로목사님으로 계시는 김충렬 목사님이 대구제일교회 고(故)이상근 목사님을 추억하며 이런 글을 썼다. 부목사 때 대구제일교회에서 이상근 목사님을 도와 사역을 했다. 얼마 후에 서울 영세교회 담임목사로 부임하고 이어서 위임목사로 취임하기 전에 대구에 내려가서 이상근 목사님을 찾아뵙고 "목사님, 어떻게 하면 목회에 성공할 수 있습니까?"라고 물었단다. 그때 목사님은 환히 웃으시면서 "목회는 오래 참는 것입니다."라고 하셨단다. 아!! 단순하면서도 간단한 진리는 오래 참는 것이다.

사울이 사무엘을 기다리는 시간, 군인들이 흩어져서 어쩔 수 없이 본인이 제사를 지내려고 했던 바로 그 순간에 5분만 참았다면 어땠을까? 결국 사무엘은 오지 않았던가. 사무엘을 통해 제사를 지냈다면 적은 군인들로 승리를 이끈 주역은 사울이 되었을 것이다. 욕망으로 가득 찬 하만이 자신에게 절하지 않는 모르드개를 5

분만 용납했다면 어땠을까? 그를 이해하는 마음으로 모르드개와 협력했다면 높은 나무에 달려 죽을 일도 없었을 것이고 왕비 에스더라는 새로운 후견인도 생겼을 것이다.

주여!! 참고 견디는 은혜를 주옵소서!!

"사랑은 오래참고⋯." (고전 13:4)

나의 두 가지 교만한 기도

철이 없다기 보다는 내가 교만이 충만하여 하나님께 드린 두 가지 기도가 있었다.

첫번째는 "하나님 저를 데려가 주세요." 뜬금없는 기도 같지만 그 때는 참 진지했다. 내가 예수 믿고 천국에 가서 그곳에서 받을 상급을 생각하다가 이런 기도를 하게 되었다. 나는 지금 천국에 들어갈 마일리지를 쌓고 있는데 앞으로의 나의 삶이 그 마일리지를 까먹는 삶이라면 그 마일리지가 더 깎여지기 전에, 아니 다 깎여 아무것도 남지 않아 천국과 구원의 상급 조차도 받지 못하기 전에 지금이라도 좋으니 저를 데려가 주세요라고 기도한 것이다. 그러나 철이 들어 고개를 들어보니 구원과 상급을 위해 내가 쌓아놓은 마일리지는 하나도 없었으며 일평생 죄의 탑만 높이 높이 쌓고 있는 내 모습이 보였다. 그리고 지금까지 지내 온 것이 나의 노력과 성실이 아니라 오직 하나님의 은혜임을 알고 부끄럽고 죄송했다. 그래서 회개하고 오직 은혜만을 구하는 기도를 했다.

두번째는 "하나님 저에게 암을 주세요." 참 황당한 기도가 아닐 수 없지만 이 역시 진지했다. 목회하면서 질병 특히 암이라는 난적 앞에서 수 많은 사람들의 처음과 마지막을 봤다. 암 앞에서도 당당하게 암보다 크신 하나님을 믿음으로 고백하며 은혜의 간증을 남기고 천국으로 이사 가는 사람, 고쳐 주시는 하나님의 은혜를 붙잡고 기도원이나 치유의 은사가 있는 분들을 찾아다니며 살아보겠다고 몸부림 치다가 사망하는 사람, 한 번도 생각지 못한 암의 암초 앞에서 세상과 신앙의 양다리를 걸치고 어물쩍거리다가 사망하는 사람, 암이라는 판정을 받는 순간부터 교회를 떠나 병원과 요양시설을 오가며 오직 치료에만 전념하다가 세상을 떠나는 사람들을 수도 없이 봤다. 그 중에 내가 가장 많이 본 경우는 신앙과 세상의 중간에서 살아보겠다고 몸부림을 치다 믿음이 없는 것도 아닌데 믿음 없는 사람들과 별 차이 없이 세상을 떠나는 사람이었다. 그리고 가장 보기 힘든 사람은 암 앞에서도 당당하게 자신의 믿음과 신앙을 고백하고 믿음의 간증을 남기고 가는 사람이었다.

이런 분들을 볼 때마다 마음이 아프고 안타까웠다. 그래서 기도했다. "하나님 저에게 암을 주시면 제가 보란 듯이(?) 믿음의 사람은 질병 앞에서도 이렇게 말하고 이렇게 살다가 이렇게 간증을 남기고 가는 것이라는 것을 보여줄테니 저에게 암을 주세요."라고 기도한 것이다. 지금 생각하면 얼마나 어리석고 교만한 기도였는지 아찔할 정도다.

그 기도를 하나님이 들으셨을까. 나는 갑상선 암 판정을 받고 수술을 했다. 모든 것이 첫 경험이었던 병원 생활속에서 하나님은 그것이 얼마나 어리석고 교만한 기도였는지를 회개하게 하셨고 깨닫게 해주셨고 알려주셨다. 치료하는 동안에 나를 위해 눈물로 기도해 준 가족과 우리 교우들에게 감사를 드린다. 가장 기억에 남는 것 중의 하나는 수술하고 한 달 만에 교회에 와서 쉰 목소리로 1부

예배 설교를 마쳤는데 초등학교 4학년 짜리 우리 집사님 아들이 엄마와 함께 목양실에 왔다. "목사님 제가 목사님을 위해서 기도해 주면 안되나요." "그래 해주렴." 손을 잡았다. "하나님! 제가 사랑하는 우리 목사님이 아파요. 예수님의 이름으로 치료해주세요. 예수님의 이름으로 기도합니다. 아멘." 세상에 이런 감동이 담긴 어린아이의 기도를 받아 보다니. 내가 수술 후에 가장 많이 달라진 것 중의 하나는 환우들을 대하는 태도와 말이다. 세상에는 큰 아픔과 작은 아픔이 없다. 오직 내 아픔만 존재할 뿐이다. 그 아픔 속에서도 정확하고 분명한 것은 하나님은 실수하지 않으신다는 고백이다. 그래서 우리는 내가 받은 모든 것은 하나님의 선물로 받아야 한다. 그러나 그 아픔을 선물로 받으려면 감사가 있어야 한다. 감사만이 모든 것이 하나님의 선물임을 보게 하는 시력인 것이다.

디자인 경제학자 장기민 대표가 쓴 "홍대 앞은 왜 홍대를 다니지 않는 사람들로 가득할까."라는 책에 이런 이야기가 나온다. 우리나라 외식업계의 대부로 알려진 백종원 대표가 업계에 처음 발을 들여 놓았을 때의 이야기이다. 삼겹살 메뉴를 개발하기 위해서 정육점에서 사용하는 슬라이서(고기 써는 기계)를 식당에 두기로 결정하고 중고 매장에서 저렴한 슬라이서를 샀다. 그런데 구입해서 사용하다보니 고기를 써는 기계가 아니라 햄을 써는 슬라이서였다. 고기를 썰어보니 고기가 너무 얇아서 감겨 나왔다는 것이다. 당황한 백종원은 동그랗게 말린 고기를 일일이 펴서 손님상에 올렸다. 어느 날 밀려드는 손님 때문에 그냥 동그랗게 말린 상태로 올릴 수 밖에 없었는데 이런 실수와 시행착오에서 대패 삼겹살이 나온 것이라는 것이다. 우리가 먹는 대패 삼겹살이 이런 실수의 결과물이라니.

오늘도 환란과 질고로 수고하는 모든 분들에게 말하고 싶다. 하나님은 질병보다 훨씬 크신 분이라고, 고난이 악이 아니라 약이 되려면 감사의 은혜가 있어야 한다고. 그러면 내가 받은 모든 것은 하나님의 선물이 된다고….

"나의 힘이 되신 여호와여 내가 주를 사랑하나이다." (시 18:1)

습관은 밧줄이다

　작년 봄, 코로나가 조금 잠잠해지는 틈을 타서 장경동 목사님을 모시고 부흥회를 했다. 점심 식사 후 커피를 마시다가 목사님의 교회에서 하고 있을 뿐만 아니라 가는 곳마다 목사님들에게 소개한다는 '5분 성경읽기' 에 대한 것을 자세히 알려주었다. 그러나 잊었다. 몇 달 후에 다시 생각하고는 올해부터 우리 교회는 '전교인 5분 성경읽기' 를 시작했다. 휴대폰에 녹음 기능을 켜고 하루 5분, 성경을 큰 소리로 읽고 저장해서 단톡방에 올리는 것이다. 하루 5분, 일 주일이면 35분, 한 달이면 150분이 된다. 결코 무시할 수 없는 시간이다. 하루 5분을 과소평가했다가는 큰일 난다. 그렇게 시작한 5분 성경읽기는 게으름과 물러섬의 과정을 거치면서 '일상의 습관' 으로 자리 잡았다.

　"습관이란 무엇입니까?" 스승에게 제자들이 물었다. 스승은 제자들을 데리고 동산에 올라가 두 종류의 풀과 두 종류의 나무를 보여주었다. 첫째는 막 돋아난 어린 풀이었다. 둘째는 조금 자랐으나 뿌리를 내린 풀이었다. 셋째는 키 작은 어린 나무였으며 넷째는 다 자라 키가 큰 나무였다. "첫째와 둘째 풀을 뽑아보아라." 스승의 말에 제자들은 풀을 뽑았다. "쉽게 뽑히는데요." "세번째 작은 나무를 뽑아보아라." 제자들은 그것도 쉽게 뽑았다. "네번째 나무를 뽑아보아라." 제자들이 힘을 다했으나 뽑히지 않았다. "안 뽑히는데요." 제자들의 말에 스승이 말했다. "그것이 습관의 모습이다. 습관이란 처음에는 마음에 따라 조절할 수 있다. 그러나 뿌리를 깊이 내리고 크게 자라면 마음대로 되지 않는다.

나쁜 습관은 아예 처음부터 뿌리 뽑고 좋은 습관은 큰 나무로 자랄 수 있도록 키워라."

"습관은 하나님께서 우리 인간에게 허락하신 기가 막힌 선물이다." 여기서 말하는 습관은 좋은 습관, 거룩한 습관을 말한다. 그러나 습관은 좋은 습관만 있는 것이 아니다. 나쁜 습관도 있다. 아름답고 거룩한 습관이 있는가 하면 추하고 더러운 습관도 있다.

미국의 3대 대통령이었던 토머스 제퍼슨은 좋은 습관을 가지고 있었다. 그는 화가 날 때는 언제나 속으로 1부터 10까지 세고 그래도 화가 폭발할 것 같으면 1부터 100까지를 셈으로써 자신의 분노를 다스렸다. 공군 참모총장을 역임하고 극동방송 사장을 지낸 김은기 장로님은 "독수리 같이 비상하라."는 자신의 책에서 지난 20년 동안 하루의 첫 시간을 "주는 그리스도시요 살아계신 하나님의 아들이십니다. 오늘도 최고의 날을 주신 하나님을 찬양합니다." 라는 고백으로 시작했다고 한다. 얼마나 멋지고 아름다운 습관인가.

미국 애틀란타 컨설팅 그룹의 하일러 브레이시 사장은 직원들을 칭찬하고 격려하기 위해서 동전 다섯 개를 왼쪽 주머니에 넣고 칭찬할 때마다 오른쪽으로 이동했는데 나중에는 칭찬이 저절로 습관이 되었다는 것이다. 그렇구나. 고기는 바늘로 낚고 사람은 칭찬으로 낚는다는데 이 또한 습관이 맺은 소중한 열매가 아니고 뭐란 말인가.

위대한 교육자 호레이스 만은 습관에 대해서 "습관은 밧줄과 같다. 우리는 습관이라는 밧줄을 매일 짜고 있다. 그런데 이렇게 짜인 습관은 결코 파손되지 않는다."고 했다. 영국의 사상가 사무엘 스마일스는 "습관은 나무껍질에 새겨놓은 문자 같아서 그 나무가 자라남에 따라서 확대된다."고 했으며 러시아의 대 문호 토스토예프스키는 "습관이란 인간으로 하여금 무슨 일이든 가능하게 만든다."고 했다.

세상에서 가장 어려운 일은 습관을 바꾸는 일이다.

그럼에도 불구하고 사람들은 이 바꾸어지지 않는 습관을 바꾸기 위해서 엄청난 양의 시간을 투자한다. 영국의 신학자이며 철학자인 브라운 랜던 (Brown Landon)은 '고정관념을 깨는 습관의 법칙'이라는 책에서 제발 습관을 바꾸려고 하지 말라고 충고한다. 시간 낭비일 뿐이며 결코 바꾸지 못할 것이라고 한다. 그러면서 이런 예를 든다.

말을 타고 다니는 사람이 '내일 부터는 말을 타지 않고 걸어 다닐 거야' 하고 걸어간다면 그리고 걸어가면서 '말을 타는 습관은 나빠, 나는 절대 말을 타지 않을 거야' 라고 말한다고 해서 성공할까? 아니다. 틀림없이 걷다가 발이 아프면 말을 그리워할 것이다. 실패의 원인은 말보다 속도가 느리고 덜 효율적인 수단을 선택했기 때문이라는 것이다.

만약 말을 타는 것을 버리고 차를 운전하기로 했다면 말을 타고 다니는 습관은 자연히 버릴 수 있다는 것이다. 그렇다. 우리의 행동을 바꾸는 것은 단순히 나쁜 습관을 버리는 결심만으로 불가능하다.

새로운 습관, 더 나은 습관, 거룩한 습관을 익혀야 한다.

"예수께서 나가사 습관을 따라 감람산에 가시매 제자들도 따라 갔더니."(눅 22:39)

지옥에서 전해온 피맺힌 절규의 소식

나는 지난 몇 달 동안 세 사람의 죽음을 지켜봤다. 한 분은 개척해서 나름의 큰 교회를 일구신 전주의 어느 목사님이다. 목사님은 코로나에 감염되어 입원하셨는데 두 달 만에 돌아가셨다. 많은 성도들의 슬픔 속에 진행된 장례식을 영상으로 보는데 목사님의 목양실이 스치듯 지나갔다. 하나도 정리되지 않은 책상, 지금 막 사용하다 일어난 그 자리, 잠시 나가지만 다시 올 것 같은 있는 그대로의 목양실을 보면서 죽음에 대해서 다시 한번 깊이 생각하는 계기가 되었다. 또 한 분은 인천은혜교회 박정식 목사님의 장례식이다. 이분의 천국환송예배도 수 많은 성도들의 기억과 추억 속에 진행되었다. 영상을 보면서 알게 된 것은 박정식 목사님의 평생의 목회 철학이 있었는데 그것은 Scars into Stars(스카스 인투 스타스, 상처가 별이 되어)였다.

우리가 살아가는 그 자체가 고통이고 상처인데 치유자이신 예수를 만나면 그 상처가 별이 된다는 철학을 가지고 목회를 하신 것이다. 세 번째 사람은 56세의 나이에 뇌출혈로 사망한 배우 강수연씨다. 어쩌다 기회가 되어 장례식 모습을 현장에서 보게 되었는데 수많은 선후배 연기자들의 슬픔과 애도가 가득했다. 나는 세 사람의 장례식을 보면서 하나님은 어떻게 평가하실까하는 생각을 참 많이 했다. 세상에서의 사람의 평가와 하나님 앞에서의 평가는 같을 수도 있고 완전히 다를 수가 있기 때문이다.

죽음은 우리가 가보지 않은 자리다. 그래서 두려움과 떨림 그리고 기대와 소망이 가득한 자리다. 그러나 우리가 죽어보지는 않았지만 죽어본 수 많은 사람들의 고백을 성경에서 들을 수 있다. 살아있는 사람의 경험도 최고인데 죽어본 사람의 경험이야 물어 무엇하랴.

미국에서 '시간 관리의 아버지'로 불리는 하이럼 스미스가 쓴 '인생에서 가장 소중한 것'이라는 책에 나오는 이야기다. 한 성공한 기업가가 '성공의 이유'에 대해서 질문하자 "잘된 결정 때문에"라고 답했다. 그러면 "어떻게 잘된 결정을 내렸는가?"라고 묻자 "경험을 통해서"라고 답했다. 마지막으로 "경험은 어떻게 얻었는가?"라고 묻자 "잘못된 결정을 통해서"라고 대답했다는 것이다. 사람은 경험을 통해 배운다. 좋은 경험을 통해서도 배우지만 나쁜 경험을 통해서는 훨씬 더 깊고 뼈 속까지 스며드는 교훈을 얻는다. 잘못된 선택, 잘못된 결정에서 얻은 지혜는 반짝반짝하기 그지없다는 말이다.

육상 경기에서 나 보다 앞선 사람을 추월한다는 것은 생각만큼 쉽지 않다. 더군다나 시간적 차이를 두고 나보다 먼저 출발해서 먼저 가고 있는 사람을 따라잡고 이기는 것은 거의 불가능한 일이다. 그렇다면 인생의 경주에서 나보다 먼저 태어나서 먼저 가본 사람의 말에 귀 기울이는 것은 지혜의 원천이라고 할 것이다. 그래서 성경에서도 "백발은 영화의 면류관이라."(잠 16:31) "너는 센 머리 앞에서 일어서고."(레 19:32)라고 말씀하셨지 않았는가.

우리보다 먼저 죽어 지옥 맛을 본 부자의 피 맺힌 절규를 들어보자. 여러분!! 지옥에 떨어지면 돈으로도 나갈 수 없습니다.(눅

16:24) 기회는 살아있을 때 뿐입니다. 죽으면 기회는 없습니다.(눅 16:26) 예수 없이 죽으면 뜨거운 불꽃의 고통이 기다리고 있습니다.(눅 16:24) 예수 없이 죽으면 이 괴로운 곳에 오게 되니 널리 널리 알려서 이 곳에 오는 사람이 한 사람도 없기 바랍니다.(눅 16:28) 들리는가, 들어야 한다. 피맺힌 절규를.

강원도 원주에서 남광교회를 섬기시는 서정국 목사님이 '기독공보'에 이런 글을 올렸다. 어느 추운 겨울 주일 아침에 예배를 드리기 위해 성전에 들어서다 보니 마당 울타리 구석에 한 노숙인이 쭈그리고 앉아 있었다. 낯익은 형제였다. 가까이 다가서니 코를 찌를 듯한 냄새가 온몸에서 풍겨 나왔다. 차가운 바닥에 함께 앉아 최대한 몸을 밀착시키고 두 손으로 어깨를 감싸 안았다. 한참 시간이 지난 후 조용히 입을 떼었다. "이렇게 술에 취한 걸 보니 많이 힘들었구나." 얼마 후 그는 힘겹게 고개를 들어 나를 쳐다보며 말했다. "목사님, 제가 힘들고 외롭고 죽고 싶을 만큼 고통스러웠을 때 술 먼저 만나지 말고 예수님 먼저 만났더라면 이렇게 제 인생이 망가지지는… 술 먼저 아니고… 예수님 먼저…." 더 이상 말을 이어가지 못했다. 이것이 그 형제와 나눈 마지막 대화였으며 그는 며칠 후 노숙하던 중 혹독한 추위에 견디지 못하고 생을 마감했다는 이야기다. 얼마나 많은 사람들이 지옥에서 탄식하며 말할까요? 돈맛을 알기 전에 예수님을 먼저 알았더라면, 세상 즐거움의 맛을 알기 전에 예수님을 먼저 알았더라면, 세상 성공을 알기 전에 예수님을 먼저 알았더라면… 우리는 아직 기회가 있습니다. "그 무엇보다 예수 먼저"가 되길 기도합니다.

"주 예수보다 더 귀한 것은 없네…."(찬송 94장)

천국은 분명히 있습니다

13세기에 이탈리아의 유명한 탐험가였던 마르코 폴로(Marco Polo, 1254~1324)는 그 당시 미지(未知)의 세계였던 중국에서 17년을 살면서 중국의 여러 지방을 여행하고 돌아가서 '동방견문록'을 썼다. 그가 임종할 때가 되자 친구들이 그를 찾아와서 다그쳤다. "여보게, 자네는 자네의 책에서 도무지 우리가 믿을 수 없는 황당한 이야기들만 잔뜩 기록해 놓지 않았나? 이제라도 자네가 우리에게 진실을 밝혀주면 좋겠네. 자네가 쓴 모든 내용이 자네의 상상에 의해서 꾸며졌다는 사실을 말일세."

그때 마르코 폴로는 이렇게 말했다. "아닐세. 내가 책에 쓴 것은 모두 진실일세. 사실 나는 내가 보고 겪었던 것의 절반도 채 기록하지 못했다네."

천국과 지옥도 마찬가지. 믿어지지 않는 사람이나 믿으려고 하지 않는 사람에게는 상상과 공상속의 세계 혹은 협박과 유혹의 미끼로 여기겠지만 신실하신 예수님은 분명하고 정확하게 그 존재를 기록하고 있다. 죽음은 우리가 가보지 않은 자리다. 그래서 두려움과 떨림 그리고 기대와 소망이 가득한 자리다. 그러나 우리가 죽어보지는 않았지만 죽어본 수 많은 사람들의 고백을 성경에서 들을 수 있다. 살아있는 사람의 경험도 최고인데 죽어본 사람의 경험이야 물어 무엇하랴. 죽어본 사람 중에 천국의 감동을 전하는 가장 감동적인 장면은 개인적으로 요한계시록 6장을 꼽는다.

요한계시록 6장은 봉인된 7개의 두루마리를 어린 양이신 예수님이 하나씩 떼실 때마다 일어나는 일을 기록하는데 5번째 두루마리의 인을 떼실 때 일어나는 일을 이렇게 기록하고 있다. "다섯째 인을 떼실 때에 내가 보니 하나님의 말씀과 그들이 가진 증거로 말미암아 죽임을 당한 영혼들이 제단 아래에 있어 큰 소리로 불러 이르되 거룩하고 참되신 대주재여 땅에 거하는 자들을 심판하여 우리 피를 갚아 주지 아니하시기를 어느 때까지 하시려 하나이까 하니."(계 6:9~10)

정말 놀라운 기록이다. 하나님의 말씀과 그들이 가진 증거 때문에 죽임을 당한 순교자들이 살아 있다는 것이다. 이미 수년, 수십 년 혹은 수백, 수천 년 전에 죽은 영혼이 살아 있다니. 이미 죽은 그 육체는 가루가 되고 흙이 되었고 이 세상에서의 그는 흔적조차 찾아볼 수 없는 사람이 되었는데 그 사람의 영혼은 하나님의 제단 아래에 살아있는 존재로 등장하고 있다는 사실. 이보다 더 확실하고 분명한 부활의 증거를 넘어 천국의 증거가 어디 있단 말인가.

박용규 목사님이 쓰신 "목사님 눈물을 거두세요."에 보면 목사님은 지옥을 먼저 보고 천국을 보았다는데 천국에서 임송금 할머니를 만났다는 기록이 있다. 임송금 할머니는 서울 명륜동에 사는 박봉주 권사의 친정 어머니이고 양춘선 장로의 장모이다. 스물두 살에 홀로 되어서 두살 된 박봉주 권사를 데리고 살면서 예수를 믿어 서울 충현교회에 출석하며 신앙생활을 했다. 그러다 85세에 하나님 나라에 가셨는데 천국에서 두 분이 만났다는 것이다. "땅에 사는 박용규 목사님, 다시 땅에 가시거든 나의 딸 박봉주 권사를 찾아가서 내가 천국에서 하나님의 사랑을 받으며 영광을 누린다고 전해주세요. 내가 이렇게 천국에 온 것은 바로 박봉주 권사, 딸의 전도로 예수 믿고 천국에 왔으니 너무 너무 고맙고 감사하고 좋다고 전해주구려." 나는 이 책도 읽고 살아계실 때 박용규 목사님을 초청하여 부흥회도 했는데 개인적인 체험이지만 천국에서 실제로 일어날 일이라고 분명히 믿는다.

1965년 1월, 휴전선을 지키던 스물 네살의 주한미군 병사 찰스 젠킨스 중사는 베트남으로 파병될 것이 두려워 탈영하여 월북했다. 월북한 찰스 젠킨스 중사는 북한에서 말로 다 할 수 없는 고생을 하다가 2004년, 39년 만에 자유로운 사람이 되어 일본에 돌아왔다. 그가 겪은 39년간의 북한 생활의 회고를 세 문장으로 요약하면 다음과 같다. "할 수만 있다면 39년 전, 탈영하던 그날 밤으로 돌아가고 싶다.""내 생애 최대의 실수는 월북한 것이며, 이로 인해 지금까지도 극심한 고통을 겪고 있다." "북한에 들어간 지 하루 만에 내가 엄청난 실수를 저질렀음을 깨달았다." 나는 찰스 젠킨스 중사 같은 후회를 하는 사람이 단 한 사람도 없기를 바란다. 이 세상에서 예수 없이 세상을 떠난 사람은 슬피 울고 이를 갈며 이렇게 말할 것이다. "내 생애 최대의 실수는 천국과 지옥을 믿지 않은 것이다. 이로 인해서 나는 극심한 지옥의 불 속에 고생하고 있다. 나는 이 세상을 떠나는 순간 내가 엄청난 실수를 했다는 것을 깨달았다."

그래서 우리는 이런 고백을 하는 축복된 자가 되어야 한다. "내 생애 최대의 축복은 예수 믿고 천국 가자고 하는 아내와 친구의 말에 교회를 따라간 것이다. 믿어지지 않았지만, 여러 번 부탁하는 그 분의 정성을 거절할 수 없어서 한 번 두 번 따라 갔다가 예수 믿고 천국 백성이 되었다.” 예수를 그리스도로 믿는 모든 사람들은 내 코에서 숨이 멈추는 바로 그 순간, 환호성을 지르며 예수 믿는 최고의 복을 누리게 될 것이다. 왜냐하면 천국은 분명히 있기 때문이다.

감사는 억지로라도 가르쳐야 한다

"암은 국민 3명 중 1명이 걸리는 흔한 질병이 되었습니다. '감사'야말로 부작용이 절대 없는 항암제입니다. 예방약으로 또는 치료제로 장기 복용을 해도 전혀 문제가 없는 명약이 바로 '감사약'인 것입니다. 그러므로 가정상비약처럼 '감사약'을 복용해야 합니다." 사랑의 혁명가로 불리우는 황성주 박사의 말이다. 우리 교회는 격월로 책 한 권을 추천하여 성도들에게 소개하여 읽게 하고 독후감을 제출하면 다음 달 추천도서를 선물로 준다. 이번 달 추천도서인 황성주 박사의 '감사의 기적'이라는 책을 보면서 감사에 대한 몇 가지 생각을 정리했다.

1. 감사는 억지로라도 가르쳐야 하고 말해야 한다.

미국 보스턴 이롬 총판을 책임지는 총판장의 딸이 전미 고등학교 토론대회에서 챔피언이 되었다. 그러자 미국의 모든 아이비리그 대학에서 전액 장학금을 제시하며 이 학생 모시기 경쟁이 일어났다는 것이다. 축하를 전하며 우승의 비결을 물었더니 열심히 공부했다가 아니라 "하루 다섯가지 감사를 꾸준히 실천한 덕분"이라고 했다. 하루 다섯가지 감사를 채우지 못하면 엄마가 잠을 재우지 않았다. 아침에 눈을 뜬 아이는 오늘도 저녁이 되면 엄마가 다섯가지 감사를 물어보겠지 하고 눈을 뜬다. 그리고 일상생활을 하는 중에도 항상 감사를 찾는다. 저녁이 되면 아침부터 찾은 감사거리를 한 문장으로 정리한다. 자연스럽게 관찰력, 어휘력, 논리력, 포용력들이 상승할 수밖에 없다는 것이다. 역시 감사는 어릴 때부터 가르쳐야 할 소중한 재산이다.

감사는 어릴 때부터 억지로라도 가르쳐야 한다는 것을 말해주는 슈바이쳐 박사의 이야기가 있다. 슈바이쳐 박사는 어린 시절 아버지의 강요로 감사의 마음을 표현하는 습관, 글쓰는 습관을 갖게 되었다. "편지를 쓰지 않고는 하루도 배겨낼 수가 없었다"고 회고한다. 특히 크리스마스가 지나고 나면 "너희들은 크리스마스 선물을 받았다. 늦지 않도록 감사하다는 답장을 써야 한다"며 감사 편지를 쓰도록 훈련을 받았다고 한다. 어린 시절 좋은 습관을 가진 것이 미래를 바꾸는 씨앗이 되었다고 볼 수 있다. 조기교육이 좋지 않은 어감으로 쓰이는 요즘이지만 감사 조기교육은 빠르면 빠를수록 좋은 습관이다.

황성주 박사는 회사 직원이나 다른 회사 직원들을 교육할 때 "감사하면 10년 안에 CEO가 됩니다"라고 공언한다. 직장에서 윗사람, 아랫사람, 동료들에게 감사하는 태도로 매일매일 감사함을 표현하며 일하는데 어떻게 승진이 안 될 수가 있겠는가? 처음에는 농담처럼 받아들였다가 다음의 말을 듣고는 진지해진다는 것이다. "식당을 운영하는 사장님을 예로 들까요? 사장님이 모든 손님을 감사하는 마음으로 대하고, 언제나 변함없이 웃는 얼굴로 감사의 표시를 한다면 그 식당이 장사가 잘되겠습니까? 안되겠습니까?" 단순하면서도 명쾌한 원리. 감사는 억지로라도 표현할 때 분명한 효과가 있다는 것이다.

2. 감사는 믿음의 해석이다.

지난 2007년 1월, 백혈병으로 세상을 떠난 이정표 어린이는 초등학교 5학년 때 발병했는데 골수이식을 한 뒤 아이는 엄마에게 이렇게 말했다. "비싼 등록금을 내고 사립학교에 다니는 친구들. 학원에서 공부하거나 과외받는 친구들이 전혀 부럽지 않아. 왜냐고? 난 병원이라는 학교에서 소아백혈병이라는 전문 과목을 1년 동안 온몸으로 배웠고 숨 쉬고 살아 있는 게 얼마나 대단하고 감사한 일인지 알잖아. 난 친구들이 감히 상상도 하지 못하는 1억 원짜리 고액 과외를 받았어. 파란 하늘, 맑은 공기 이런 걸 느끼기만 해도 얼마나 행복한지 몰라. 학교 다닐 때는 운동장의 흙을 밟고 다니는 게 당연하다고 생각했는데, 지금은 그 흙이 너무 감사해. 한 줌 흙을 떠서 혹시라도 거기서 지렁이가 나오면 '오! 아가' 하며 살아 꿈틀대는 모습에 감격할 것이다." 초등학교 5학년 어린 학생이 어찌 이런 해석을 했을까.

영국의 철학자 비트겐슈타인의 '오리 토끼'라는 그림이 있다. 이 그림은 이 각도에서 보면 오리이고 저 각도에서 보면 토끼다. 같은 그림인데 어느 각도 어느 관점에서 보느냐에 따라서 토끼가 되기도 하고 오리가 되기도 한다. 이 그림이 말해주는 것은 '그것이 무엇인가'를 결정하는 것은 그림에 있는 것이 아니라 그림을 보는 '사람의 마음'이라는 의미다. 그래서 인생은 해석이라고 한다.

라면을 누가 끓이느냐에 따라서 같은 라면이 다른 결과를 가져온다. 예를 들면 "아빠가 라면을 끓이면 자상한 아빠, 엄마가 라면을 끓이면 나쁜 엄마, 아들이 라면을 먹으면 불쌍한 내 아들, 딸이 라면을 먹으면 게으른 딸"이 되는 것은 다른 해석의 결과이리라.

우리의 해석이 영적이어야 하고 우리의 고백이 믿음이어야 하는 이유는 하나님이 지으신 모든 것이 선하기 때문이다. 그리고 하나님은 그 지으신 모든 것을 통해서 합력하여 선을 이루어가시기 때문이다.

 "하나님께서 지으신 모든 것이 선하매 감사함으로 받으면 버릴 것이 없나니."(딤전 4:4)

유혹, 꿈속에서라도 이기게 하소서

이번 주 내내 뜨거웠던 뉴스 가운데 하나가 '경찰대학 출신 고시 3관왕의 몰락'이라는 자극적인 주제였다. '경찰대학', '고시 3관왕'이라는 단어는 적어도 지금 우리가 살고 있는 세상에서는 괜찮은 자리에 앉아서 괜찮은 삶을 살 수 있는 기회를 얻은 사람에게 주어진 단어이다.

그런데 경찰대학 출신에다가 고시 3관왕의 주인공이 몰카 범죄로 인하여 모든 공직을 잃고 지탄의 대상이 된 것이다. 세상에는 두 종류의 사람만 있다고 하지 않던가. 들킨 사람과 들키지 않은 사람. 세상의 유혹과 범죄 앞에서 누군들 자유로운 사람이 어디 한 사람이라도 있을까.

영국의 작가 죠셉 키플링(Joseph Kipling, 1865.12~1936.1)은 영국 최초의 노벨문학상 수상자이다. 그가 쓴 시 중에 '죄'라는 시가 있다. "어느 추운 겨울 밤, 밖에서 노크 소리가 들린다. '누구신가요?' '저는 보잘 것 없는 자입니다.' 여인의 연약한 음성이다. '누구냐고 묻지 않았소!' '사랑을 그리워하는 외로운 소녀입니다.' '이름이 뭐요?' '제 이름은 죄악입니다.' '그러면 어서 들어오시오.' 그 순간, 내 마음의 방은 지옥으로 가득 찼다." 짧은 시지만 현재 육체를 가진 우리들이 매일 매일 현실에서 만나는 실제

상황을 그대로 그리고 있어서 가슴에 담고 있는 시이다.

몇 년 전 종교개혁지 순례를 하면서 루터가 선제후인 프리드리히(Friedrich)의 도움으로 1521년부터 1522년까지 숨어 있었던 바르트부르크(Wartburg)를 방문했다. 이곳에는 루터가 1521년부터 약 10개월간 머물며 신약성경을 11주 만에 독일어로 번역한 방이 있는데 루터가 자신을 괴롭히는 마귀를 향해 던졌다는 잉크병 자국도 남아 있었다. 루터는 보이지 않는 마귀를 향해 잉크병을 던질 정도의 깨어 있는 영성가였던 것이다.

루터의 유혹에 대한 이야기 중에 이런 이야기도 있다. 어느 날 종교개혁자 루터에게 학생들이 찾아와서 "선생님 어떻게 하면 그렇게 많은 사단의 시험과 유혹을 쉽게 이길 수 있었습니까" 하고 물었다. 그러자 루터는 "사단이 자주 자주 내 마음의 문을 두드리면서 문을 열라고 소리칠 때가 있다네. 그럴 때마다 내 마음에 계시는 예수님이 나가셔서 문을 열어 주신다네. 마귀가 '이 집에 루터가 살고 있지요?' 하고 물어오면 예수님은 '과거에는 루터가 살았지만 지금은 내가 살고 있어' 라고 대답하신다네. 그러면 마귀는 대경실색해서 도망가 버린다네. 내가 시험을 이기는 방법은 이것이라네." 참으로 가장 확실하게 유혹을 끊을 수 있는 방법이 이 방법 외에 또 있을까 하는 생각이 들 정도로 기막히다.

사탄이 우리로 하여금 죄를 짓도록 유혹할 때 두 가지 거짓말을 한다. 첫째, 이익이 된다는 것이다. 그러나 아니다. 유혹이다. 죄는 잠시 이익이 되는 것처럼 보일 뿐이지 결국은 손해가 된다. 아니 손해 정도가 아니라 완전히 망하는 길이 바로 이 길이다. 그래서 성경에도 분명히 말하지 않았던가. 죄의 삯은 사망이라고. 두 번째 거짓말은 쥐도 새도 모른다는 유혹이다.

역시 거짓말이고 유혹이다. 옛말에 송곳을 주머니에 넣고 그것을 끝까지 감추는 것은 불가능하다는 말이 있다. 죄는 반드시 드러나게 되어 있다. 죄는 사탄이 놓은 덫인데 사탄이 먹이만 먹고 무사히 나오도록 할 리가 없다. 죄는 쥐와 새만 모른다.

어거스틴의 '고백록' 제10권 30장에는 '몽중(夢中)의 유혹'이라는 부분이 있다. 어거스틴이 주님을 만나고 나서도 밀려오는 죄의 유혹을 이기기 위해서 몸부림을 치는 모습이 나온다.

특히 꿈속에서도 조차 죄를 짓지 않으려고 하는 모습을 본다. "주여, 나는 몽중에 있을 때는 나 자신이 아닙니까? 내가 깨어 있을 때는 현실의 유혹이 닥쳐와도 그것에 굴하지 않고 강하게 물리치는 그 이성이, 내가 몽중에 있을 때 어디로 가 있습니까? 내가 눈을 감고 잠들면 그 이성도 같이 눈을 감는 것입니까? … 중략 … 주여, 몽중에서라도 내 육신을 충동시키고 더럽히는 저 추악한 것에 승복하지 말게 하옵소서."

방탕한 삶을 살다가 극적인 하나님의 은혜로 돌아온 어거스틴이 얼마나 죄를 멀리하려고 했는지를 짐작하게 되는 대목이다. 오늘 우리는 유혹과 죄가 강같이 흘러넘치는 시대에 살고 있다. 그래서 우리는 동생 아벨을 죽이려고 분을 품고 있는 가인에게 하나님은 "죄가 문 앞에 엎드려 있느니라. 죄가 너를 원하나 너는 죄를 다스릴지니라"(창 4:7)라고 하신 말씀을 기억하고 기억해야 한다. 주님~~ 자격 없는 내 힘이 아닌 주의 보혈로 죄와 피 흘리기까지 싸워 승리하게 하옵소서.

나는 세례받은 크리스천입니다

　세계 최초로 무착륙 단독비행으로 대서양을 횡단하는 데 성공한 사람은 미국의 비행사 찰스린드버그(Lindbergh, Charles Augustus, 1902.2.4~1974.8.26)였다. 그는 1927년 5월 20일, 미국 롱아일랜드 루스벨트 공항을 이륙해 33시간 만에 프랑스파리의 부르제 공항에 도착했다.

　비행 거리는 약 5800km로 당시 그 먼 거리를 쉬지 않고 날 수 있는 비행기는 없었다. 사람들은 그의 도전에 대해 뜨거운 성원을 보냈지만 한편으로는 무모한 도전이라는 평도 만만치 않았다. 그도 그럴 것이 그 당시의 비행기는 엔진과 날개 그리고 바퀴 등의 가장 기초적인 장치만 있는 그야말로 '날틀'에 불과한 것이었기 때문이었다. 요즘 같은 고도계나 계기판 같은 것은 아예 고안되지도 않았던 시절이었다. 아까운 젊은이 하나가 대서양 바닷물 속으로 수장될지도 모른다는, 그를 사랑하는 사람들의 걱정을 뒤로하고 린드버그의 비행기는 대서양을 향해 힘차게 날아올랐다. 그리고 서른세 시간의 사투 끝에 린드버그의 비행기는 무사히 파리 착륙에 성공했다. 이 비행기는 배에 실려 유럽에서 미국으로 되돌아왔으며, 린드버그는 항공에 대한 세상 사람들의 관심을 높이기 위해 이 비행기로 아메리카 대륙 전역을 비행한 후 워싱턴 DC에 있는 스미스소니언 박물관에 기증했다.

25세 청년은 하룻밤 사이 영웅이 되었다. 서른세 시간의 비행을 마치고 파리에 도착하자 10만 명의 사람들이 운집해 환영해주었다. 그때 한 담배회사 사장이 린드버그 앞에 와서 "당신이 내가 주는 담배를 손에 살짝만 끼고 있든지 입에 한번만 물어주고 사진 한 장을 찍으면 5만 달러를 주겠다"고 제안을 했다. 목숨을 건 대서양 횡단의 상금이 25,000달러 였으니 5만 달러는 가히 짐작하기도 힘든 돈이었다. 이 제안에 린드버그는 실로 놀라운 말을 한다. "선생님, 저는 세례받은 크리스천입니다." 린드버그의 이 한마디는 곧바로 신문에 대서특필되었고 이 기사를 읽고 은혜받은 기독교인들이 10만 달러를 모금해서 주었다니 시롤 대단한 일임에 분명하다.

　몇 년 전 우리나라 흥사단 투명사회운동본부가 초 · 중 · 고교생 각각 2000명으 대상으로 윤리의식 설문조사를 실시했다. 조사 결과 고등학생 44%, 중학생은 28%, 초등학생 12%는 '10억원이 생긴다면 잘못을 하고 1년 정도 감옥에 들어가도 괜찮다.'고 답했다고 발표했다. 단순히 1년에 10억이 생긴다면 감옥이라도 가겠다는 돈에 순교하듯 달려드는 시대에 우리가 살고 있는 것이다.

　동화작가 정채봉씨의 글에 나오는 이야기이다. 숲 속 깊은 곳에는 병든 소녀가 살고 있었다. 그 소녀에게 한 가지 꿈이라면 이 병에서 치료를 받는 것이 있었는데 그 병을 치료해주는 하늘의 왕자님은 1년에 한 차례 정월에 샛별이 뜨는 새벽녘이면 숲 속을 조용히 지나가는 그 때 만나면 된다. 그러나 소녀는 번번히 실패하고 마는데 그 이유는 늦잠 때문이었다. 서둘러 깨보면 왕자님은 이미 지나가고 없기를 50번, 이제 소녀도 노인이 되어 있었다. 병은 치료받지 못하고 그 숲속에서 쫓겨 날 때가 되었다. 그 때에 깨달았다. 내가 병을 치료받지 못한 것은 그 담요의 따뜻함 때문이라는 것을. 그래서 후배들에게 이렇게 말했다. "젊은 날 편안함을 좋아해서는 안 됩니다. 나는 담요 한 장에 인생을 망친 사람입니다."

국회의원을 지낸 작가 김홍신 씨가 '인생사용설명서'에서 자신의 담배 끊은 이야기를 했다. 그는 37년 6개월 동안 담배를 피웠는데 폐암의 위험이 있거나 간접적인 살인 행위라는 소리를 들을 때마다 한 번쯤 끊어볼까 생각도 했지만 담배를 끊지 못했다. 원고를 쓸 때는 하루에 보통 서너 갑의 담배를 피웠고, '죽는 날에도 담배를 입에 물고 죽겠다.'는 수필까지 썼다. 그런데 어느 날 그 좋아하던 담배를 끊었다. 스승께서 던지신 한 마디 말씀에 정신이 퍼뜩 들었다는 것이다. "쥐는 쥐약인 줄 알면 먹지 않는데, 사람은 쥐약인 줄 알면서도 먹는다." 그는 마음에 결단을 한다. '세상을 끌고 가도 시원찮은데, 담배한테 끌려 다니다니!' 그리고는 37년 6개월간 백해무익하고 남에게 피해를 주는 담배에게 끌려 다니기를 거부한 것이다. 그가 담배를 끊었다는 말을 듣고 지인들이 '참 독한 사람'이라고 말했다. 그러나 김홍신 씨는 말한다. "독극물을 삼키는 사람이 독한 사람이지 어찌 버린 사람이 독하다는 말입니까?" 그리고 담배를 가장 잘 보이는 곳에 놓았다. 보여도 생각나지 않는 것이 진짜 끊은 것이기 때문에.

레미제라블을 쓴 빅토르 위고는 놀고 싶은 유혹을 뿌리치지 못해 글을 쓰지 못하자 하인에게 속옷까지 몽땅 벗어주면서 해가 질 때까지 옷을 가져오지 말라고 했다. 글을 쓸 수밖에 없는 상황을 만들어 자신을 통제한 것이다. 유혹은 달콤하고 향기롭다. 그래서 휴옥을 달콤한 향기로 알고 빠져들다가 인생 망친 사람이 어디 한 두 사람이던가. 시험에 드는 길도 여러 가지지만 그 시험을 이기는 방법도 참 여러 가지이다. 오늘도 시험에 빠지지 않게 하시고….

"근신하라 깨어라, 너희 대적 마귀가 우는 사자 같이 두루 다니며 삼킬 자를 찾나니 너희는 믿음을 군건하게 하여 그를 대적하라. 이는 세상에 있는 너희 형제들도 동일한 고난을 당하는 줄을 앎이라."(벧전 5:8~9)

회개가 신발을 신는 동안
죄는 세계를 한 바퀴 돈다

우리 가족 이야기이다. 그 분은 남자로 태어났기에 고등학교까지 졸업하고 공무원을 하고 있었다. 어쩌다 만나면 늘 반듯한 모습으로 이런저런 것들을 가르쳐 준 기억이 난다. 부족함이 없어 보였다. 평생 공무원으로 일하시다가 사람으로 인한 여러 가지 상처를 품고 명예퇴직을 하셨다. 어쩌다 만나면 사람에 대한 실망을 넘어 저주를 하곤 했다. 그러다가 위암 선고를 받고 수술을 했다. 수술 후 회복하고 있는 그 분을 찾아갔는데 세 가지 후회를 했다. 먼저는 십일조 생활을 하지 않은 것을 후회했다. 둘째는 교회 다닌다고 하면서 주일 성수를 제대로 하지 못한 것을 후회했다. 그리고 세 번째는 가족이 모두 교회를 다니면서도 교회 다니는 사람들을 욕했던 것을 회개했다. 그리고 얼마 후 하나님의 부름을 받았다. 장례식에 참석한 저의 손을 잡고 그 분이 마지막에 남기셨다는 세 가지 이야기를 울면서 들려주셨다.

첫째는 몸이 아파서 주님을 진실로 믿고 보니 직분 가지고 봉사하는 것이 얼마나 큰 축복인 줄을 깨닫고 "나도 안수집사 되어서 봉사하고 싶다"고 했다는 것이다. 둘째는 남선교회 부회계로 임명을 받았지만 그렇게 가고 싶었고 참석하고 싶었는데 한 번도 참석하지 못하고 별세했다는 것이고 세 번째는 몸이 그렇게 좋지 않은 상태에서도 교회 한번 가고 싶다고 얼마나 소원을 하던지…. 그리고 돌아가시기 전에 휠체어에 눕다시피 해서 예배를 드린 것이 이 세상에서의 마지막 예배 였다고…. 사람이 다 이렇다. 기회가 많을 거라고 교만함을 떨 때는 소중함을 전혀 모르다가 이제 다 되었다고 여기면 아쉬워하고 슬퍼하는 모습이 나약한 인간의 모습이다. 아쉽지만 내가 얼마나 큰 죄인인가를 깨닫고 회개하고 하나님의 품에 안겼으니 감사할 뿐이다.

어느 목사님이 예배당에 들어갔는데 최근에 등록한 새가족이 열심히 성경을 읽고 있었다. 기특해서 어떤 부분을 읽고 있는가를 묻자 마태복음 9장을 읽고 있다고 했다. 목사님은 그 의미나 알고 읽는지를 시험하기 위해서 거기에 누구의 이름이 기록되어 있는가를 묻자 자기 이름이 쓰여 있다고 답했다. 성경을 전혀 이해하지 못하고 읽고 있구나라고 생각한 목사님은 어디에 당신 이름이 있는지를 물으니 마 9장 10절 "예수께서 마태의 집에서 앉아 음식을 잡수실 때에 많은 세리와 '죄인' 들이 와서 예수와 그의 제자들과 함께 앉았더니"의 '죄인' 이라는 단어를 가리키며 이것이 바로 저를 가리키는 것이라고 했다는 것이다. 이 말에 목사님은 강한 충격을 받았다는 것이다.

서울 좋은나무교회를 섬기시는 이강우 목사님의 교회에서 탁구시합이 열렸는데 장로님 한 분이 탁구를 치다가 화가 나자 탁구공을 두 번이나 하늘로 날렸다는 것이다. 얼마 후 장로님은 자신의 이 행동을 놓고 아홉가지로 회개했는데 몇 가지를 소개하면 "첫째는 교회의 장로로서 하나님의 일을 사람의 일로 그르친 죄를 회개합니다.

둘째는 공공의 자리에서 분노해서 장로 직분을 주신 예수님을 무시한 죄를 회개합니다. 일곱째는 성도들 앞에서 화를 절제하지 못하고 은혜를 저버린 죄를 회개합니다. 아홉 번째는 '장로님도 어쩔 수 없네' 하는 마음을 주어서 마귀에게 교회의 건덕(建德)을 해치는 틈을 주어버린 죄를 회개합니다."라고 했다는 것이다.

한국 개혁주의 신학의 초석을 쌓은 박윤선(1905~88)목사님이 어느 날 승용차 뒷자리에서 내 몸에서 죄의 냄새가 난다며 울었다고 한다. 그는 또한 성역(聖域) 50주년 감사예배 때는 "나는 83년 묵은 죄인입니다"라고 자신의 부족함을 고백하고 주님의 은혜를 구해 교계에 신선한 충격을 주었다.

동양의 성자라고 불리는 일본의 가가와 도요히꼬(賀川豊彦, 하천풍언)의 처녀작 "한 알의 밀알"에서 '가기찌' 라는 주인공은 돈 5원 훔친 것을 돌려주고 그 죄를 회개하는 거기에서부터 그의 인생이 새롭게 시작하는데 그것이 바로 가가와 도요히꼬의 탄생이라고도 말할 수 있다. 죄를 파 버리고, 없애 버리고, 고백해 버리고, 사함 받은 것이 우리의 영혼의 치료에 절대적으로 필요한 것이다.

미국의 작가 마크 트웨인(Mark Twain)이 남긴 유명한 말이 있다.

"회개가 신발을 신는 동안 죄는 세계를 한 바퀴 돈다."

회개! 내일로 미루지 말라는 것이다. 내가 회개를 미루는 동안 죄는 지구를 또 한 바퀴 돌고 있는 것이다.

우리는 유혹을 받는 나약함과 죄에 넘어지는 악함이 있지만 회개를 통해서 새롭게 시작할 수 있는 새로운 살 길이 있음을 알고 고백해야 한다.

 "만일 우리가 우리 죄를 자백하면 그는 미쁘시고 의로우사 우리 죄를 사하시며 우리를 모든 불의에서 깨끗하게 하실 것이요."(요일 1:9)

조상제사에 대하여

    나의 어머니는 내가 중학교 3학년 여름, 하나님을 알지 못하고 돌아가셨다. 돌아가시기 전에 세가지 유언을 하셨다. 첫째는 내가 죽으면 제사 지낼 때 돼지고기를 올려놓아라. 두 번째는 담배도 올려 놓으라.(어머니는 위암을 앓으시면서 담배를 피우면 위암에 좋다는 낭설을 믿고 담배를 피우셨다고 하셨다.) 세 번째는 답답한 것 싫으니 나무관을 쓰지 말고 대나무 관을 사용해 달라는 것이었다.

    그렇게 어머니는 돌아가셨고 시골 집 마루 옆에 어머니를 모시는 작은 공간을 만들었다. 그리고 예수 믿지 않던 누님들은 한 달에 두 번, 정월 초하루하고 보름에 시골집에 와서 제삿밥을 올리곤 했다. 생각할수록 가슴이 아프다. 내가 복음의 진수를 알았더라면 병든 어머니에게 부활의 영광을 전했을 것인데 나는 몰랐다. 어릴 때부터 교회는 다녔지만 천국과 지옥에 대해서도 몰랐고, 분명한 신앙의 고백이 없었기 때문에 제사를 지낼 때마다 돌아가신 어머니가 오셔서 밥을 잡수시는 줄 알았다.

    믿음이 아예 없거나, 교회는 다니지만 복음의 진수를 깨닫기 전에는 조상제사에 대해서 별 갈등이 없다. 그러다가 은혜가 들어가서 조상제사가 우상숭배가 아닌가하는 생각을 가질 때부터 아주 불편해진다. 제사 음식을 준비하는 데서 부터 시작하여 먹는 문제,

절하는 문제까지 넘어야 할 산이 많다. 더군다나 장남이 되면 문제는 복잡해진다. 며느리나 딸은 이런저런 핑계로 잠시 피할 수 있겠지만 장손은 도망갈 길이 없다. 거기다가 손주들까지 절을 하지 않으면 핍박과 시련이 시작된다. 교회 다닌다고 하더니 조상도 몰라본다. 너희들이 어머니 아버지, 할머니 할아버지 없이 어떻게 세상에 나왔느냐. 실제로 우리 누님의 자녀들이 교회 다닌다는 소리를 듣고 누님의 시어머니께서 죽어서도 제삿밥을 얻어먹지 못한다며 대성통곡을 했다. 그런데 그분이 예수 믿고 돌아가셨으니 오직 은혜로밖에 해석할 수가 없다.

추석명절은 지났지만 조상 제사에 대해서 알아보려고 한다. 순서는 1. 조상제사는 언제부터 시작되었는가? 2. 조상제사는 우리나라에 언제 들어왔는가? 3. 조상제사는 왜 밤에 지내는가? 4. 왜 조상제사를 지내야 한다고 하는가? 5. 이들의 주장은 과연 옳은가? 성경은 조상제사를 무엇이라고 말하고 있는가? 6. 예수 믿는 우리들은 조상제사를 어떻게 해야 하는가? 7. 같은 하나님을 믿으면서 천주교회는 왜 조상제사를 허락하는가? 이런 순서로 정리해 보려고 한다.

1. 조상제사는 언제부터 시작되었는가?

조상제사는 지금부터 약 4천 년 전 중국 하나라와 상나라 때 제사를 지냈다는 기록이 있다. 그러나 그 당시에는 부모에게 제사를 지낸 것이 아니고 뛰어난 황제에게 제사를 지냈다. 또한 황제라고 다 제사를 지낸 것이 아니라 아주 뛰어난 황제에게만 제사를 지냈다. 그러다가 왕의 자리가 아들에게 세습이 되면서 우리 아버지도 훌륭했다는 것을 내세우기 위해서 일반적인 황제도 제사를 지냈다. 황실에서만 제사를 지내다가 왕들의 조상만 훌륭한 것이 아니라 우리 조상들도 훌륭하다고 평민들도 생각하게 되었고 이때부터 왕의 허락이 없이도 평민도 제사를 지내게 되었다. 그 후 중국에서 이론적인 뒷받침으로 제사를 강조하게 된 것은 송나라 때 유교학자 주희(朱熹1130-1200)가 처음으로 조상에게 반드시 제사를 지내야 한다고 강조한 것이 하나의 철학으로 발전하였다.

2. 조상제사는 우리나라에 언제 들어왔는가?

우리나라에서도 신라나 고구려 때 모든 왕이 아니고 특수한 왕에게만 제사를 지냈다는 기록이 있다. 그러나 불교가 성행했던 삼국시대나 고려시대에는 조상에게 제사를 지내지 않았다. 지금도 불교국가에서는 조상제례가 없다. 우리나라에서 절에 가서 제사 지내는 것은 무속과 불교가 섞여서 후대에 생겨난 특이한 현상이다. 우리나라에서 제사가 조금씩 성행하게 된 것은 고려 말 중국에서 성리학을 받아들이면서부터 였다. 숭유배불(崇儒排佛)의 건국이념을 가진 조선이 건국되면서 제사는 국가가 장려하여 본격적으로 널리 퍼지게 되었다.

3. 조상제사는 왜 밤에 지내는가?

어릴 때 부모님을 따라 큰 아버지 집에 제사를 지내러 가면 꼭 밤 12시가 되어야 제사를 시작했다. 제사상에 올라간 과일을 먹어보려고 졸리는 눈을 비비며 참았지만 번번이 일어나보면 아침이었다. 그때마다 생긴 의문은 왜 제사는 꼭 저녁 12시가 되어야 시작하는가였다. 그 이유는 음양오행에 의하여 낮 시간은 양(陽)이고 밤 시간은 음(陰)인데 산 사람은 양에 속하고, 돌아가신 분은 음에 속하기 때문에 돌아가신 분이 속하는 음의 시간인 밤에 제사를 지낸다는 것이다.

4. 왜 조상제사를 지내야 한다고 하는가?

1) 떠돌아다니는 혼을 달래준다고 주장한다.

유교는 사후 세계에 대해서 사람이 죽으면 혼(魂)과 백(魄)으로 갈라져 혼은 하늘로 올라가고 백은 땅으로 내려온다고 믿는다. 하늘로 올라간 혼이 거처할 곳을 얻지 못하고 떠돌아다니다가 그 후손들이 정성을 다해 제사를 지내면 죽은 조상의 혼과 백이 연합해서 사후에도 안정된 삶을 어느 정도 지속한다고 가르쳤다.

2) 배고픈 죽은 조상들의 배를 채워주기 위함이라고 주장한다.

제사를 지내면 배고픈 죽은 조상들이 온다는 것이다. 그 혼들이 와서 음식을 먹고 기운을 보충한다는 것이다. 제사 지낼 때 조상님들이 친구 분들을 데리고 오기도 하는데 같은 하늘, 같은 수준에 있는 친구들한테 '나는 이렇게 꼬박꼬박 제삿밥 얻어먹는다.' 라고 자랑하고 싶어서 데리고 오기도 하고 제삿밥 먹지 못하는 친구들이 불쌍해서 음식을 먹여 주려고 데리고 오기도 한다고 한다. 제사 음식은 자기를 위해서 차려 놓은 밥상이니까 당당하게 와서 주인 행사를 하며 먹는다. 직접 먹는다는 것이 아니라 기운으로 섭취하는 것이다.

5. 이들의 주장은 과연 옳은가?

조상제사가 언제부터 시작되었는지, 우리나라에 언제 전래가 되었는지는 그다지 핵심 사항이 아니다. 조상제사에 대해서 핵심이 되는 세 가지 질문은 1) 우리가 제사를 지내면 과연 죽은 우리의 조상들의 혼이 와서 음식을 먹고 배를 채우고 기운을 차리는가? 2) 우리가 이승에서 제사를 지내면 우리 후손들에게 그리고 죽은 우리 조상들에게 도움이 되는가? 3) 조상의 제사를 지내는 것이 진정한 효(孝)인가 하는 것이다. 이 세 가지 질문을 한마디로 해결하는 핵심은 죽으면 우리 영혼은 어디로 가는가를 정확하게 정리하면 답이 된다.

누가복음 16장의 부자와 나사로의 비유에서 가난한 나사로가 죽었다. 천사들에게 받들려 아브라함의 품에 들어갔다. 그리고 부자도 죽었다. 그는 지옥의 불 구덩이에 떨어졌다. 이 사실을 근거로 성경은 어디에도 우리의 영혼이 구천을 떠돈다는 말이 없다. 즉, 죽는 순간 천국과 지옥으로 나누어진다고 기록하고 있다.

그러면 죽은 우리 영혼이 다시 이승에 올 수 있는가? 역시 부자와 나사로의 비유에서 부자가 아브라함에게 간절히 간절히 부탁하는 것은 이곳이 너무 뜨거우니 나사로를 보내서 손가락 끝에 물을 찍어 내 혀를 서늘하게 해달라는 것이다. 그 간절한 부탁의 답은 "너희와 우리 사이에 큰 구렁텅이가 놓여 있어 여기서 너희에게 건너가고자 하되 갈 수 없고 거기서 우리에게 건너올 수도 없게 하였느니라."(눅 16:26)

죽으면 오도 가도 못한다는 절망의 답을 들은 부자는 "내 고향 내 집에 형제 다섯명이 있는데 나사로를 그 형제에게 보내서 이 고통 받는 곳에 오지 않게 해주세요."라고 간절히 다시 부탁하는 성경 말씀 속에서 죽은 영혼은 천국에서든, 지옥에서든 나올 수가 없다는 것을 분명하고 정확하게 말하고 있다.

그러면 위의 세 가지 질문에 하나씩 답을 달아보자. 1) 우리가 제사를 지내면 과연 죽은 우리의 조상들의 혼이 와서 음식을 먹고 배를 채우고 기운을 차리는가? 올 수가 없는데 누가 와서 먹는단 말인가? 만약 먹는다면 그렇게 차려서 되겠는가. 2) 우리가 이승에서 제사를 지내면 우리 후손들에게 그리고 죽은 우리 조상들에게 도움이 되는가? 지금 내 영혼도 뜨거운 지옥 불에서 고통을 당하는데 누가 누구의 영혼을 책임질 수 있단 말인가. 3) 조상의 제사를 지내는 것이 진정한 효인가? 예수 없이 살다가 지옥에 떨어진 아버지는 아직 살아 있는 내 자식들에게 바라는 소원은 제사를 지내거나 명당을 찾아서 못자리를 쓰는 것이 아니라 예수 믿고 이 고통받는 지옥에 오지 않는 것이다. "내 형제 다섯이 있으니 그들에게 증언하게 하여 그들로 이 고통 받는 곳에 오지 않게 하소서." (눅 16:28)

6. 예수 믿는 우리들은 조상제사에 대하여 어떤 자세를 가져야 하는가?

상다리 부러지게 제사상을 차려 놓아도 죽은 조상은 절대 이 세상에 올 수도 없으며 죽은 조상이 죽은 후에 무슨 신기한 능력이 생겨서 후손들을 도와주거나 해코지 할 수 없다는 것을 우리는 분명하고 정확하게 알고 있다.

그러나 이러한 진리를 알지 못하는 다른 형제들과 살아야 하는 우리들은 몇가지 지혜로운 자세가 필요하다.

1) 배타적인 자세보다는 영혼 구원의 지혜가 필요하다. '오직 예수'를 외치며 '죽은 조상이 뭘 할 수 있냐'고 소리치거나 '조상제사는 우상숭배'라고 말하며 제사 음식을 만드는 것 조차도 참석하지 않는다면 평생 가족 구원을 위해서 기도한 것을 헌신짝처럼 버리는 경우가 될 수 있다. 그러므로 제사 음식을 차리는 일은 적극 도와 주어야 한다.

음식을 만지는 것까지 죄 짓는 것이라고 생각하는 사람들이 있는데 함께 도와 주고 그리고 더 나가 아무 거리낌 없이 먹기를 바란다. 그리고 절을 하지 않는 것은 조상에 대한 효가 없어서가 아니라 기독교인으로서 죽은 자에 대한 경배를 금하고 있기 때문이라는 것을 잘 설명해서 오해를 불식하고 불화를 사전에 차단하는 것이 필요하다.

7. 같은 성경, 같은 하나님을 믿으면서 천주교는 왜 조상제사를 허락하는가?

중국에 복음을 전한 마태오 릿치는 중국의 문화 위에 복음을 전하는 방식의 선교를 했다. 그래서 중국의 제사 제도를 그대로 인정했는데 후에 중국에 들어온 선교사들은 마치 구두 신고 갓 쓴 것 같은 상황을 보고 로마교황청에 진정서를 제출했다. 이에 대해 교황청은 1715년과 1742년 두 번에 걸쳐서 교황이 교서를 발표하는데 특히 1742년 교황 베네딕투스 14세는 "유교적 조상숭배는 성경의 교훈과 어긋나기 때문에 천주교에서는 용납할 수 없다."고 선언했고 중국교회가 이것을 받아들여 조상숭배를 거절하자 중국정부로부터 박해를 받기까지 했다.

이러한 상황에서 1784년 북경에서 이승훈이 세례를 받고 천주교회가 한국에 들어오면서 한국의 신자들도 제사 문제로 고민하였다. 1790년 당시 북경의 교구장이었던 구베아(Alexandre de Gouvea) 주교가 조상 제사를 금지하는 사목서한을 보내오자, 1791년 현 충남 금산군 진산면에 살던 윤지충은 어머니 권(權)씨의 제사를 폐지하고 신주를 불태웠다(廢祭焚主).

이 사실이 알려지자 윤지충과 외종형 권상연은 체포되어 문초를 받았다. 두 사람은 '죽은 사람은 음식을 먹을 수 없고, 음식은 영혼의 양식이 될 수 없으므로 조상 제사는 허례'라는 것과 '나뭇조각에 불과한 신주에 영혼이 깃들 수 없다.'고 주장한 것이다. 정조는 이단의 패륜이라 하여 1791년 11월 13일에는 오가는 행인들이 많은 전주 남문(풍남문) 밖에서 사형에 처함으로써 이들은 한국 천주교회 최초의 순교자가 되었다. 또한 서학서의 소유를 금지하고, 서학서를 모아 불태우게 하였다. 이때 서울과 경기, 충청도의 많은 천주교 신자들이 체포되어 순교하였는데, 이를 신해박해 또는 진산사건(珍山事件)이라고 한다. 당시 전라 감사는 조정에 올린 보고서에서 "윤지충과 권상연은 유혈이 낭자하면서도 신음 소리 한 마디 없었습니다. 그들은 천주의 가르침이 지엄하다고 하면서 임금이나 부모의 명은 어길지언정 천주를 배반할 수는 없다고 하였으며, 칼날 아래 죽는 것을 영광스럽게 생각한다고 말하였습니다." 라고 하였다

그러면, 조상제사를 우상으로 규정하고 순교자까지 배출한 조선의 천주교는 무슨 이유로 조상제사를 허용하게 되었는가. 제2차대전이 일어나고 일본과 이탈리아가 동맹을 맺자 1939년 12월 18일 로마교황 피우스12세는 교서를 통해 "현대에 와서는 과거의 전통적인 습관의 의미가 많이 바뀌었기 때문에 유교에서의 조상숭배는 하나의 시민적 의식일 뿐 종교적인 의식은 아니다."고 선언했다. 이에 대해 일본 통치하에 있던 한국의 천주교는 1940년, 신사참배는 말할 것도 없고 조상숭배는 하나의 시민적 의식에 불과하다고 표명했다. 그 후 지금까지 천주교는 조상숭배를 허락하고 있는 것이다.

한국교회가 조상 제사를 거부하고 추도예배를 드리는 이유는 성경에서 경배의 대상은 오직 하나님 한 분이라고 분명하게 말하고 있기 때문이다.(출 20:3~5). 즉 죽은 조상은 존경의 대상은 될 수는 있지만 죽은 사람이 섬김과 예배의 대상이 될 수는 없다는 것이다.(고전 10:20). 성경은 하나님을 대신하는 형상이나 다른 신에게 예배하는 것을 우상숭배라고 분명하게 못 박고 있다.

돌아가신 부산 수영로교회 정필도 목사님이 쓴 "교회는 무릎으로 세워진다."라는 책에 할머니가 예수 믿게 된 이야기를 하셨다. "어린 시절 할아버지가 돌아가셨을 때 사람들은 집안 어른이신 할아버지의 죽음을 슬퍼하며 고인이 되신 할아버지를 향해 절했다. 그러나 나는 절을 할 수가 없었다. 죽은 이에게 절하는 것은 우상에게 절하는 것과 다름이 없다는 것을 알았기 때문이다. 그런데 그때, 나를 너무도 사랑하고 아껴 주시는 할머니 말씀이 내 마음을 아프게 했다. '너는 내가 죽은 다음에도 절하지 않겠구나!' 할머니는 할아버지를 보낸 슬픔보다도 고인 앞에 절하지 않는 손자 모습에 더 가슴 아파하셨다. 그러나 나는 당당함을 잃지 않고 할머니께 여쭈었다. '할머니, 돌아가신 분에게 절하면 그분이 알아요? 살아계신다면 하루에 열 번, 아니 백 번이라도 절하지요. 마찬가지로 할머니가 돌아가셔도 자는 절 안 할 거예요. 만약 그 일 때문에 억울하고 섭섭하시다면 할머니 살아 계실 때 열심히 절할 테니 미리 절받으세요.' 나는 그렇게 말씀드리고는 그 자리에서 할머니께 넙죽 절을 했다. 그리고 다음 날부터 아침에 일어나면 학교 가기 전에 할머니 방부터 들러서 '할머니, 미리 절 받으세요.'라며 큰 절을 하고는 학교로 갔다. 이렇게 매일 할머니께 절을 하고 등교하는 일을 몇 달이나 지속했을까. 어느 때인가 할머니가 성령의 감동을 받으셨는지 이렇게 말씀하시는게 아닌가. '이제 그만해라. 됐다. 나도 예수 믿을 란다.' 할렐루야….

하나님의 딴 생각

신재용 목사님이 쓴 "쓰러진 김에 엎드려 하나님을 만났다."라는 책에 '하나님도 딴 생각을 하신다.' 라는 글이 있다. "힘든 상황 때문에 열심히 기도하면 하나님은 자꾸 딴 생각을 하신다. 죽은 나사로를 보시며 부활한 모습을 생각하셨다.(요 11:23) 성전에서 구걸하는 못 걷는 자를 보시며 걷고 뛰며 찬양하는 모습을 생각하셨다.(행 3:8) 겨자씨 만한 믿음을 보시며 산을 옮기는 것을 생각하신다. (마 17:20) 나아만의 나병 들린 피부를 보시며 어린아이와 같이 된 피부를 보셨다. (왕하 5:14) 모두 폭풍을 보며 두려워할 때 잠잠해진 바다를 생각하셨다. (막4:39) 개울의 작은 물맷돌을 보시며 거인을 쓰러뜨리는 장면을 생각하셨다.(삼상 17:40) 어린 소년 다윗을 보시며 최고의 왕의 모습을 보셨다. (삼상 16:12) 모두가 예수님의 죽음을 볼 때 삼일 후에 부활하심을 생각하셨다.(마 28:6) 작고 약하고 죄 많고 믿음 없음을 보시며 창조주의 생명을 버릴 만큼 귀하게 보신다. 힘든 상황으로 힘들어하는 모습을 보시며 믿음과 은혜로 승리한 모습을 생각하신다. 다르지만 가장 옳은 생각을 따르는 게 가장 옳은 삶이다."

그러고 보니 정말 하나님은 우리와 딴 생각을 하시는 분이다. 그런데 그 하나님의 딴생각이 오늘의 나를 있게 만든 은혜였음이 고백된다. 핍박자 사울 속에서 어떻게 이방인의 사도 바울을 그려낼 수 있었을까. 육체의 가시로 부르짖는 그 입술에서 모든 것이 은혜이고 감사입니다라는 고백을 이끌어 내신단 말인가. 정말 하나님은 딴 생각의 대가이시다.

내가 목사가 된 후 초등학교 친구들이 중학교 친구인 그들을 만났는데 그들 중 그 어느 누구도 내가 목사가 될 것이라고 예상했던 친구는 단 한 명도 없었다. 그래 "너처럼 착한 친구가 목사가 되어야지." "친구가 목사라니 고맙다"라는 소리는 들었어도 "네가 목사 될 줄 알았어"라고 한 사람은 단 한 명도 없었다. 나도 내가 목사가 될 것이라고는 한 번도 생각해 본 적이 없으니 친구들이 그렇게 말하는 것은 당연한 것이었다.

그런데 하나님은 그 누구도 생각하지 않은 딴 생각을 하고 계셨던 것이다. 그 분의 딴 생각의 열매가 오늘의 우리 자신이 되었다.

사무엘상 8장을 보면 이스라엘의 백성들이 사무엘을 찾아가서 우리도 이웃 나라들처럼 왕을 가지고 싶다며 두 가지 이유를 대면서 왕을 달라고 조른다. 첫째는 당신은 늙었다. 둘째는 당신의 두 아들은 당신만 못해도 너무 못하다. 사무엘은 하나님의 말씀을 따라 이새의 집에 가서 이스라엘 백성을 지도할 왕을 고르는데 이새의 첫째 아들 엘리압이 지나가자 "하나님이 선택한 자가 과연 이 자로구나" 했지만 하나님은 이미 그를 버렸다고 하신다.

그리고 결국에는 다윗을 선택하게 하신다. 하나님은 사무엘과는 전혀 딴 생각을 하고 있었던 것이다.

브라질에서 사역하는 김철기 선교사가 쓴 "가슴 찢는 회개"라는 책에 나오는 이야기이다. 브라질 선교사로 가기 전에 경북 금릉군 부항면 월곡리 학동에 있는 부항중앙교회를 6년 섬겼는데 어느 권사님이 목사님 딸에게 피아노를 선물했다. 목사님은 이것을 교회에 가져다 놓고 반주자를 보내달라고 기도했다.

그러나 13가구가 살고 있는 산골짜기 동네에 과연 피아노 반주자가 나올 것인가? 그때 면 소재지에 있는 보건소에 새로운 보건소장이 부임했는데 감사하게도 보건소장의 부인은 피아노를 전공한 예수 믿는 집사였고 매주 보건소장은 부인을 오토바이에 태우고 교회에 왔다. 매주 남편은 아내를 데리고 교회는 오는데 교회에 들어오지 않고 밖에서 담배를 피우며 아내를 기다렸다. 이런 남편에게 누가 딴 생각을 할 수 있겠는가? 교회 가는 것 반대하지 않고 교회에 데려다 주는 것으로 만족해도 충분하지 않겠는가.

그런데 하나님은 이 남편에게 딴 생각을 하고 있었다.

1987년, 75세의 방지일 목사님이 이 교회에 부흥회를 오셨다. 그 날도 남편은 아내를 데려다 주고 밖에서 담배를 피우며 아내를 기다리다가 예배당 밖에서 예배당 벽을 넘어 들려오는 방지일 목사님의 주기도문 강해에 성령의 감동을 받고 회개하고 예수님께 돌아왔다. 후에 김철기 선교사님이 브라질에서 사역할 때 평생의 동역자가 되어 2002년부터 매년 브라질 아마존에 단기 의료선교를 다녀간다는 것이다. 참으로 하나님의 딴 생각은 신묘막측하다.

하나님!! 내 생각대로 되지 않게 하시고 하나님의 딴 생각으로 저를 이끌어 주셔서 감사합니다.

"그들이 오매 사무엘이 엘리압을 보고 마음에 이르기를 여호와의 기름 부으실 자가 과연 주님 앞에 있도다 하였더니 여호와께서 사무엘에게 이르시되 그의 용모와 키를 보지 말라 내가 이미 그를 버렸노라.

내가 보는 것은 사람과 같지 아니하니 사람은 외모를 보거니와 나 여호와는 중심을 보느니라 하시더라."(삼상 16:6~7)

감사로 오해 풀기

내 책꽂이에는 김대중 전 대통령과 노무현 전 대통령의 연설문을 담당했던 강원국씨가 쓴 "나는 말하듯이 쓴다" 라는 책이 꽂혀 있다. 이 책을 내가 산 이유는 우리 교회 어느 집사님의 카카오톡 사진에 지금 내가 말하려는 글이 올라 있었다. 그런데 그 이야기의 결론이 없었다. 그 결론이 너무 궁금했다. 그래서 구입한 책이다.

"엄마가 암으로 죽은 초등학교 2학년 때부터 교회를 다니기 시작했다. 그렇다고 열심 당원은 아니었고 겨우 주일 예배를 지키는 성도 정도다. 그러다 보니 목사님이나 교회 성도들과 교제도 없었다. 성가대에서 찬양을 하고 싶었는데 고질적인 질병 과민성대장증후군 때문에 단념을 했다. 예배 중에 반드시 한 번은 화장실을 가야 하기에 성가대의 좁은 공간을 헤치고 만민의 주목을 받으면서 나갈 수는 없는 노릇이었다. 그날도 목사님 설교 중에 배가 아프기 시작했다. 화장실에 가려고 일어서는 순간 교회를 울리는 목사님의 한마디. '오늘 이 자리에 신천지 추수꾼이 들어와 있는 것다 압니다. 지금 당장 나가세요. 어서 일어나세요.' 교회에 다닌지 40년 만에 최대의 위기가 온 것이다."

여기까지였다. 나는 그 후가 너무 궁금했다. 그래서 책까지 샀는데 시원한 대답은 없었다. 저자는 과민성대장증후군 때문에 늘 위기를 준비하고 대비해서 큰 낭패 없이 살 수 있어서 감사했다는 말로 이야기를 맺었다. 신천지의 악의적인 횡포가 추수꾼이라는 이름으로 교회를 어지럽힐 때 교회에서 추수꾼은 지금 당장 나가라는 광고를 하곤 했었기에 그분의 고충이 충분히 이해가 되었다.

어느 교회에 목사님이 새로 오셨는데 얼마 지나지 않아서 이상한 소문이 돌았다. 목사님이 사모님을 때려서 사모님이 집을 나갔다는 것이다. 소문이 소문을 낳으면서 좀처럼 수그러들지 않았고 실제로 사모님은 보이지 않는다. 몇 달 후 목사님은 교인들을 모아 놓고 이렇게 말했다. "저는 아내를 때린 적이 없습니다. 제 아내는 집을 나가지도 않았습니다. 왜냐하면 저는 아직 결혼도 하지 않았기 때문입니다." 듣지도 보지도 않고 남이 전해주는 대로 판단하고 오해하는 인간의 악함이 그대로 드러나는 이야기이다.

어느 교회에 사모님의 기도에 시험이 들어 교회를 옮기겠다는 성도가 있었다. 이유를 물으니 새벽기도에 나가면 사모님이 성도들을 쫓아내는 기도를 한다는 것이다. 세상에, 어느 사모가 새벽부터 하나님이 보내주신 성도를 쫓아내는 기도를 한단 말인가. 사정은 이랬다. 교인 중에 한 가정이 오래전부터 이민을 가기 위해서 기도를 하고 있었는데 비자가 나오지 않자 사모님에게 비자가 나오도록 기도를 부탁했던 것이다. 그래서 새벽마다 "하나님 그 분 나갈 수 있도록 문을 열어주세요. 이번에는 꼭 나가게 해주세요"라고 기도를 한 것인데 사정을 알지 못하는 성도가 이 기도를 듣고 자신을 몰아내려는 음모로 오해를 한 것이다.

어떤 사람이 네 명의 친구를 식사에 초대했다. 초대받은 세 명의 친구들은 왔는데 한 명이 식사 시간이 되어도 나타나지 않자 짜증스럽게 "꼭 와야 할 친구가 왜 아직도 안 오는 거야"라고 말했다.

그러자 한 친구가 "그러면 오지 않아도 되는 친구는 벌써 왔다는 뜻이잖아!!" 하며 얼굴을 붉히고 가버렸다. 당황한 친구는 "에이 가지 말아야 할 친구가 가버렸네." 하고 탄식하자 "그 말은 떠나야 할 사람은 아직 떠나지 않고 있다는 말이잖아" 하고 화를 내며 한 친구가 가버렸다. 집을 나가는 친구를 따라가며 "아니야 너에게 한 말이 아니야" 하자 남은 한 친구가 "저 친구에게 한 말이 아니면 나에게 한 말이네" 하며 가버렸다. 결국 주인은 식사 테이블에 수많은 음식을 놓고 홀로 남게 되었다는 이야기이다. 참 세상 살기 힘들고 말하기는 더 힘든 세상이다.

우리의 삶은 오해의 시장터이다. 더군다나 목회 현장은 오해의 천국이다. 상처 받았다고 소리치고 다니는 사람들은 나름대로 받은 이유가 있겠지만 상처는 수 많은 오해가 만들어낸 흉물스러운 작품이다. 목사님, 저 분은 저를 보면 얼굴을 돌려요. 저 분은 손을 내밀어도 악수를 하지 않아요. 저 분은 내가 여기에 있으면 저기로 가서 앉아요. 저 분은 식판을 들고 오다가 내가 있으면 줄을 바꾸어서 다른 줄로 가요. 심지어 장로님은 성찬기를 들고 내가 있는 줄로 오다가 나를 보더니 줄을 바꿔버렸어요…. 이런 오해와 불신의 시장바닥에 살고 있는 우리들에게 하나님이 내린 처방은 감사하라는 것이다. 하나님은 감사하라고 하시면서 이것은 나의 뜻이라고 분명히 못 박아 놓았으니 어찌 우리에게 선택에 여지가 있겠는가. 더 나가서 모든 것을 감사로 받으면 버릴 것이 없다(딤전 4:4)는 보석을 주셨다.

우리가 사는 세상이 상처받았다고 하는 사람들로 넘쳐나는 것은 감사로 받아야 할 것을 감사로 받지 못하고 오히려 불평과 원망,

더 나가서 오해로 받고 있기 때문은 아닐까. 감사함으로 받으면 버릴 것이 없다는 말씀은 감사 속에는 문제를 풀어내는 힘이 있으며, 허물을 덮어주는 권세가 있으며, 그렇게 힘들다는 사람의 꼴을 보는 은혜가 있다는 말이다. 그래서 감사는 실타래처럼 꼬인 오해를 풀어내는 숨겨진 보석이다.

"하나님께서 지으신 모든 것이 선하매 감사함으로 받으면 버릴 것이 없나니." (딤전 4:4)

나를 살린 바로 그 말씀

어느 목사님에게 한 성도가 질문을 했는데 질문을 받고 심각한 고민을 했다는 것이다. "목사님!! 지금까지 목회하시면서 목사님을 여기까지 인도하신 말씀이 있습니까?" "목숨과도 바꿀 수 있는 바로 그 말씀이 무엇인지요?" 평생을 성경을 가지고 설교하고 성경을 읽고 성경을 묵상 했는데 단순히 말하려면 요한복음 3장 16절이라고도 할 수 있었지만 확신에 찬 말씀을 기억하는데 한참을 생각해야 했다는 것이다. 그렇다. 질문의 핵심처럼 성경은 나를 오늘 여기까지 인도하는 등불이다. 성경은 내 목숨을 주어도 아깝지 않을 진리가 담겨져 있다.

젊은 날 방탕한 삶을 살았던 어거스틴은 17살에 아데오다투스라는 아들을 낳고 마니교에 심취해서 어머니 모니카의 눈에는 눈물이 마를 날이 없었다. 그러던 그가 386년 7월 어느 날, "Tole, lege, tole, lege"(집어서 읽어라. 집어서 읽어라)는 음성을 듣고 집으로 달려가 성경을 펴자 "낮에와 같이 단정히 행하고 방탕하거나 술 취하지 말며 음란하거나 호색하지 말며 다투거나 시기하지 말고 오직 주 예수 그리스도로 옷 입고 정욕을 위하여 육신의 일을 도모하지 말라." 로마서 13장 13~14절이었다. 어거스틴은 더 읽고 싶지 않았다. 또 그럴 필요도 없었다. 하나님의 충분한 계시가

임했기 때문이다. 어거스틴은 그 다음 해 4월, 눈물을 흘리며 세례를 받았고 그때부터 세계 교회사가 새롭게 쓰여지기 시작했다.

새빛 맹인 선교회를 섬기시는 안요한 목사님은 목사의 아들로 태어났지만 어릴 적 가난을 벗어나지 못하는 아버지를 보면서 우리 아버지 같은 분 한 명 책임지지 못하는 하나님은 없다고 믿고 아버지가 섬기는 교회 담벼락에 '하나님은 없다'는 대자보까지 붙인 굴곡진 사춘기를 보냈다. 그러다 대학을 졸업하고 고등학교에서 불어를 가르치는 중 중도실명을 하게 된다. 이어서 실직을 하고 가족은 떠나는 절망 중에 자살을 결심한다. 더듬거리며 부엌에 들어가서 넥타이를 못에 걸고 목을 걸었는데 못이 휘어지면서 살게 된다. 면도날을 찾아서 자살을 하려다가 잠시 잠이 들었는데 "요한아! 요한아!"라고 부르는 크고 우렁찬 소리를 듣게 된다. "요한아 요한아 이제 그만 일어나거라." "당신은 누구시며 어디에 계십니까?" "나는 너의 하나님이다. 내가 아직 너를 버리지 않았는데 어찌 너는 혼자라고 하느냐. 네가 혼자가 아니라는 증거를 보이리라. 구약성경 320페이지는 너의 것이라."

정신을 차린 안요한은 대문을 열고 밖에 나갔다. 그리고 지나가는 사람을 붙잡고 성경을 주면서 "구약 320페이지를 읽어 주세요." 구약 320페이지는 여호수아 1장이다. 읽어주는 사람은 무슨 의미인지 모르지만 말씀에 귀를 귀울이던 안요한은 여호수아 1장 9절에 고꾸라지고 만다. "내가 네게 명령한 것이 아니냐. 강하고 담대하라 두려워 하지 말며 놀라지 말라. 네가 어디로 가든지 네 하나님 여호와가 너와 함께 하느니라 하시니라." 말씀에 응답을 받은 안요한은 나는 혼자가 아니고 그 분은 나를 버리지 않으셨다는 확신을 하고 절망의 자리를 털고 일어나 목사가 되고 맹인선교회를 만들어 앞을 보지 못하는 분들에게 소망의 은혜를 심고 있다. 바로 그 말씀 한 절이 안요한을 바꾸어 놓은 것이다.

나의 목회 인생에서 인간관계를 바꾸어 놓은 바로 그 말씀은 마태복음 23장 3절 "그러므로 무엇이든지 그들이 말하는 바는 행하고 지키되 그들이 하는 행위는 본받지 말라. 그들은 말만 하고 행하지 아니하며"이다. 마 23장은 예수님께서 바리새인과 서기관들을 향해 일곱 가지 구체적인 사례를 들면서 신랄하게 책망하는 내용이다. 그 책망 전에 하신 말씀이 마23장 3절이다. 한마디로 서기관과 바리새인은 모세의 자리에 앉아서 바른 말은 하는데 삶은 전혀 그렇게 살지 못한다는 것이다. 그래서 그들이 하는 행위는 본받지 말라고 하셨다. 그런데 그 전에 성경을 잘못 읽었나하는 생각을 가질 정도의 말씀이 있다. 그것은 바로 "그들이 말하는 바는 행하고 지키되"이다. 행동이 틀린 그 사람의 말은 버리지 말고 그들이 하는 말은 옳으니 지키라는 것이다. 나에게 이 말씀은 수 많은 사람들과 함께 교회를 섬기면서 사람을 대할 때의 자세를 가르쳐 준 말씀이 되었다.

내가 어느 교회를 섬길 때 어느 분이 교인들의 돈을 빌려서 도망을 갔다. 믿었던 사람에게 마음과 물질을 도둑맞은 어느 분은 그 아픔을 이겨내지 못하고 이민을 가면서 나에게 성경 구절 하나를 남겼다. "목사님, 다 이해했습니다. 모두 용서했습니다. 사람이 이렇다는 것을 이제 깨달았네요." 하면서 전해준 성경구절은 창세기 6장 5절 "여호와께서 사람의 죄악이 세상에 가득함과 그의 마음으로 생각하는 모든 계획이 항상 악할 뿐임을 보시고"였다. 이 말씀은 홍수 심판 이전에 보시기에 좋았던 인간이 타락하는 것을 보고 아파하시는 하나님의 마음이 담긴 말씀이다. 홍수 심판 이후에는 창세기 8장 21절에서는 "사람의 마음이 계획하는 바가 어려서부터 악함이라."라고 하셨다. 아~ 인간은 항상 악하고 어려서부터 악하구나. 더 나가 예수님은 요 2장 24~25절에서 "예수는 그의 몸을 그들에게 의탁하지 아니하셨으니 이는 친히 모든 사람을 아심이요 또 사람에 대하여 누구의 증언도 받으실 필요가 없었으니 이는 그가 친히 사람의 속에 있는 것을 아셨음이니라."라고 하시면서 사람에 대해서 분명하게 선을 그었다.

그래서 나는 이 말씀을 통해서 "사람의 탈을 쓰고 어떻게 그런 말을 할 수 있고 그런 행동을 할 수 있느냐"고 악다구니를 써서는 안 됨을 배웠다. 세상에서 실망하여 교회에 온 분들이 별다른 바 없는 교인들을 보고 교회가 어떻게, 목사님이 어떻게, 장로님이 어떻게… 그럴 필요가 없다는 것이다. 인간은 어려서부터 악하고 항상 악한 존재라는 것을 분명히 알면 오해를 넘어 이해를, 미움을 넘어 사랑의 길로 들어설 수 있기 때문이다.

"다음부터는 조금만 더듬게…"

한 번은 실수, 두 번은 실망, 세 번은 실력이라고 하던데 나이가 들면서(?) 이런저런 실수를 한다. 얼마 전 주일 1부 예배, 찬양대가 절반 정도 찬양을 할 즈음 강단에 올라가서 설교원고를 정리하는데 첫 장이 보이지 않았다. 다른 자료 속에 숨어 있나 해서 찾아봐도 준비해간 5장의 원고 중 첫 장이 보이질 않았다. 그럴 리가 없는데… 순간, 어떻게 할까?

미국 캘리포니아의 역사적인 교회인 헐리웃 제일침례교회의 담임목사였으며 후에 국회 원목이었던 로이드 존 오길비(Lloyd J. Ogilvie) 목사는 설교 원고를 보지 않고 성도들의 눈을 보면서 설교하는 것으로 유명했다. 백인들의 교회 참석률이 급감하던 당시에도 할리우드 제일장로교회는 상류층 백인들로 자리가 모자랄 정도였으며, 그 원인 중의 하나가 바로 오길비 목사의 메시지였다.

오길비 목사는 자신이 원고를 보지 않고 설교하게 된 경위에 대해 "실수로 원고를 놔두고 설교하러 가게 됐는데, 그때 설교 후 성도들이 너무나 큰 은혜를 받았다고 말했기 때문"이라며 그 이후 지금까지 원고를 보지 않고 설교하고 있다고 전했다는 이야기가 떠올랐다.

이번 기회에 원고 없이 한번 해?… 그런 생각을 하면서 강단에서는 걸어서, 문을 열고 나와서는 뛰어서 목양실로 달려갔다. 책상 위에 메모 된 첫 페이지 원고를 들고 급히 나오자 무슨 일인가 싶어 걱정하며 달려온 부목사님이 방금 찬양대 찬양이 끝났다고 알려주었다. 숨을 헐떡이며 강단에 오르자 착한 우리 성도들은 나를 보더니 웃는다. 숨을 몰아쉬며 사정을 말하자 박수를 쳤다. 꿈에서는 여러 번 원고를 분실하거나 놓고 올라온 경험은 있었지만 눈뜨고는 첫 번째였다.

예배 후에 아내가 목양실에 왔다. 지난밤 잠을 뒤척이며 거의 잠을 자지 못했단다. 예배가 시작되면서 밀려오는 졸음과 싸우고 있는데 갑자기 조용해서 눈을 떠보니 강단에 내가 보이지 않더란다. 무슨 일??? 그때 앞 자리에 있던 장로님이 찬송 몇 장을 부르자고 할 때 내가 등장했다는 것이다. 그리곤 꿀 같은 예배를 드리게 되었다고 자백하며 고맙다나 뭐라나. 이것이 내 인생 첫 번째, 설교 원고를 놓고 강단에 올라간 이야기이다.

대인관계에서도 완벽한 사람보다 어딘가 빈틈을 보이는 사람이 인기를 끈다. 미국 심리학자 애슬론 교수는 너무 완벽한 사람보다 약간 빈틈이 있는 사람을 더 좋아한다는 사실을 실험으로 증명하고 이를 '실수 효과'(Flatfall Effect)라 명명했다. 너무 완벽한 사람은 다른 사람들에게 열등감을 느끼게 만들고, 그런 사람을 만나면 자신의 약점이 노출 될 수 있기 때문에 경계심을 갖게 되고 마음의 문을 닫게 된다고 한다. 반면에 빈틈을 보여주는 사람은 다르다. 허점이나 약점을 보이는 사람은 상대로 하여금 우월감을 느끼게 해주며, 최소한 그들과 거리감을 좁힐 수 있게 해준다. 유능한 사람이 실수를 하면 그 사람에 대해 더 친근감을 느끼게 되는 것이다. 그리고 약점을 드러내면 그 사람이 진솔한 사람이라고 믿는 경향이 있다. 누구나 다 자신의 약점을 감추려 하기 때문에, 자신의 약점을 감추지 않으면 그 사람이 진솔한 사람이라고 판단한다고 한다. 영국의 처칠이 국회의원일 때 어느 초선 의원이 대정부 질문을 하고 내려오면서 "선배님 저 잘했지요." 그러자 "다음부터는 조금만 더듬게"라고 했다는 유명한 이야기는 약함이 강함으로 가는 길목이라는 것을 가르쳐 준다.

유석균 목사님이 쓴 " '억지로' 가 아닌 '기꺼이' "라는 책에 시골 출신의 어느 목사님이 중학교 때 어머니를 속인 이야기가 나온다. 먹고 싶은 것은 있는데 살 돈은 없던 목사님은 머리를 굴려 멋진 묘안을 생각해냈다. 그리고는 어머니에게 '영어 사전' 이 필요하니 사전 살 돈을 달라고 했다. 어머니는 아무 의심 없이 자식에게 돈을 주었다. 어머니를 속이고 돈을 얻으니 재미가 붙었다. 그래서 얼마 뒤 목사님은 어머니에게 이번에는 '딕셔너리(Dictionary)'를 사야 한다고 하며 돈을 받아냈다. 시골에서 농사만 짓던 어머니가 영어를 모른다고 생각해서 거짓말을 한 것이다. 그리고 얼마 뒤에는 그냥 '콘사이스' (Concise. 휴대용사전, 소형사전)를 사야 한다고 어머니에게 말을 하고 돈을 받았다. 콘사이스도 영어 사전의 한 종류인데 역시 어머니는 그런 것을 알지 못할 것이라고 생각했기 때문이다. 세월이 많이 흐른 후 목사님이 신학교에 입학하고 교육 전도사로 나가게 되어 교회에 서류를 제출할 일이 생겼다. 그 서류에는 부모님의 학력 기재란이 있었다. 그래서 어머니에게 서류를 갖다 드리며 적어달라고 했는데 충격적인 일이 발생했다.

돋보기안경을 찾아 쓰시면서 어머니는 '어디 보자' 하고 서류를 받더니 그 빈칸에 '○○전문대 영문과 졸업'이라고 쓰시더라는 것이다. 아들은 등골이 오싹해졌다. 어머니가 대학을 나온 것을 지금까지 전혀 몰랐고 게다가 영문과를 졸업했다는 사실에 큰 충격을 받았다. 영문과를 나온 분이 영어 사전, 딕셔너리, 콘사이스를 모를 리가 있겠는가. 어머니가 무지했던 것이 아니었다. 어머니는 어머니로서의 사랑이라는 최고의 경지에 서 계셨던 것이다.

우리가 오늘도 이렇게 살아가는 것은 허물과 죄로 죽었던 우리를 덮어주시고 여겨주시고 살려주신 그 은혜이리라. *"그는 허물과 죄로 죽었던 너희를 살리셨도다."* (엡 2:1)